MARIA CLARA L. BINGEMER
VITOR GALDINO FELLER

# DEUS-AMOR:
# A GRAÇA QUE HABITA EM NÓS

# LIVROS BÁSICOS DE TEOLOGIA

Para a formação dos agentes de pastoral
nos distintos ministérios e serviços da Igreja

**DIREÇÃO E COORDENAÇÃO GERAL DA COLEÇÃO:**
*Elza Helena Abreu, São Paulo, Brasil*

**ASSESSORES:**
*D. Manuel João Francisco*, bispo de Chapecó, Brasil
*Mons. Javier Salinas Viñals*, bispo de Tortosa, Espanha
*João Batista Libanio*, S.J., Belo Horizonte, Brasil

# PLANO GERAL DA COLEÇÃO

### TEOLOGIA FUNDAMENTAL
1. *Crer num mundo de muitas crenças e pouca libertação*
   João Batista Libanio

### TEOLOGIA BÍBLICA
2. *A História da Palavra I*
   A. Flora Anderson, Gilberto Gorgulho, Pedro L. Vasconcellos, Rafael R. da Silva
3. *A História da Palavra II*
   A. Flora Anderson, Gilberto Gorgulho, Pedro L. Vasconcellos, Rafael R. da Silva

### TEOLOGIA SISTEMÁTICA
4. *Esperança além da esperança* (Antropologia e Escatologia)
   M. Angela Vilhena e Renold J. Blank
5. *A criação de Deus* (Deus e criação)
   Luiz Carlos Susin
6. *Deus Trindade: a vida no coração do mundo* (Trindade e Graça I)
   Maria Clara L. Bingemer e Vitor Galdino Feller
7. *Deus-Amor: a graça que habita em nós* (Trindade e Graça II)
   Maria Clara L. Bingemer e Vitor Galdino Feller
8. *Vida nova para todos os povos* (Eclesiologia e Mariologia)
   Antonio José de Almeida e Afonso Murad

### TEOLOGIA LITÚRGICA
9. *O Mistério celebrado. Memória e compromisso I*
   Ione Buyst e José Ariovaldo da Silva
10. *O Mistério celebrado. Memória e compromisso II*
    Ione Buyst e Manuel João Francisco

### TEOLOGIA MORAL
11. *Aprender a viver. Elementos de teologia moral cristã*
    Márcio Fabri dos Anjos

### DIREITO CANÔNICO
12. *Direito: Instrumento da justiça do Reino*
    Roberto Natali Starlino

### HISTÓRIA DA IGREJA
13. *Eu estarei sempre convosco*

### TEOLOGIA ESPIRITUAL
14. *Espiritualidade, um caminho de transformação*
    Elza Helena Abreu e Jesús Castellano

### TEOLOGIA PASTORAL
15. *Ide e proclamai a Boa Nova da salvação*

# APRESENTAÇÃO DA COLEÇÃO

A *formação teológica* é um clamor que brota das comunidades, dos movimentos e organizações da Igreja. Diante da complexa realidade local e mundial, neste tempo histórico marcado por agudos problemas, sinais de esperança e profundas contradições, a *busca de Deus* se intensifica e percorre caminhos diferenciados. Nos ambientes cristãos e em nossas igrejas e comunidades, perguntas e questões de todo tipo se multiplicam, e os *desafios da evangelização* também aumentam em complexidade e urgência. Com isso, torna-se compreensível e pede nossa colaboração o *clamor por cursos e obras de teologia* com sólida e clara fundamentação na Tradição da Igreja, e que, ao mesmo tempo, acolham e traduzam em palavras a ação e o sopro de vida nova que o Espírito Santo derrama sobre o Brasil e toda a América Latina.

É importante lembrar que os documentos das Conferências do Episcopado Latino-Americano (Celam) e, especialmente, as *Diretrizes Gerais da Ação Evangelizadora da Igreja no Brasil* (CNBB), assim como outros documentos de nosso episcopado, não cessam de evidenciar a necessidade de *formação teológica* não só para os presbíteros, mas também para os religiosos e religiosas, para os leigos e leigas dedicados aos distintos ministérios e serviços, assim como para todo o povo de Deus que quer aprofundar e levar adiante sua caminhada cristã no seguimento de Jesus Cristo. Nossos bispos não deixam de encorajar iniciativas e medidas que atendam a essa exigência primordial e vital para a vida da Igreja.

O documento 62 da CNBB, *Missão e ministérios dos cristãos leigos e leigas*, quando trata da "força e fraqueza dos cristãos", afirma: "... aumentou significativamente a busca da formação teológica, até de nível superior, por parte de leigos e leigas" (n. 34). E, mais adiante, quando analisa o "diálogo com as culturas e outras religiões", confirma: "tudo isso torna cada vez mais urgente a boa formação de cristãos leigos aptos para o diálogo com a cultura moderna e para o testemunho da fé numa sociedade que se apresenta sempre mais pluralista e, em muitos casos, indiferente ao Evangelho" (n. 143).

Atentas a esse verdadeiro "sinal dos tempos", a Editorial Siquem Ediciones e a Editora Paulinas conjugaram esforços, a fim de prestar um serviço específico à Igreja Católica, ao diálogo ecumênico e inter-religioso e a todo o povo brasileiro, latino-americano e caribenho.

Pensamos e organizamos a coleção "Livros Básicos de Teologia" (LBT) buscando apresentar aos nossos leitores e cursistas todos os tratados de teologia da Igreja, ordenados por áreas, num total de quinze volumes. Geralmente, os tratados são imensos, e os manuais que lhes correspondem são volumosos e rigorosamente acadêmicos. Nossa coleção, pelo contrário, por unir consistência e simplicidade, diferencia-se das demais coleções voltadas a essa finalidade.

Conhecer a origem desse projeto e quem são seus autores tornará mais clara a compreensão da natureza desta obra e qual seu verdadeiro alcance. A coleção LBT nasceu da frutuosa experiência dos *Cursos de Teologia para Agentes de Pastoral* da Arquidiocese de São Paulo (Região Episcopal Lapa). Os alunos dos vários núcleos freqüentemente pediam subsídios, apostilas, livros etc. O mesmo acontecia em cursos semelhantes, em outras regiões e dioceses. Contando com a colaboração de experientes e renomados teólogos de várias dioceses da Igreja no Brasil, pouco a pouco foi surgindo e ganhando corpo um projeto que pudesse atender a essa necessidade específica. De todo esse processo de busca e colaboração, animado e assistido pelo Espírito Santo, nasceu a coleção "Livros Básicos de Teologia".

Fidelidade a seu propósito original é um permanente desafio: proporcionar formação teológica básica, de forma progressiva e sistematizada, aos agentes de pastoral e a todas as pessoas que buscam conhecer e aprofundar a fé cristã. Ou seja, facilitar um saber teológico vivo e dinamizador, que "dê o que pensar", mas que também ilumine e "dê o que fazer". É desejo que, brotando da vida e deitando suas raízes na Palavra, na Liturgia e na Mística cristã, essa coleção articule teologia e prática pastoral.

Cabe também aqui apresentar e agradecer o cuidadoso e sugestivo trabalho didático dos nossos autores e autoras. Com o estilo que é próprio a cada um e sem esgotar o assunto, eles apresentam os temas *fundamentais de cada campo teológico*. Introduzem os leitores na linguagem e na reflexão teológica, indicam chaves de leitura dos diferentes conteúdos, abrem pistas para sua compreensão teórica e ligação com a vida, oferecem vocabulários e bibliografias básicas, visando à ampliação e ao aprofundamento do saber.

Reforçamos o trabalho de nossos autores, convidando os leitores e leitoras a ler e mover-se com a mente e o coração através dos caminhos descortinados pelos textos. Trata-se de ler, pesquisar e conversar com o texto e seu autor, com o texto e seus companheiros de estudo. Trata-se de dedicar tempo a um continuado exercício de escuta, de consciência crítica, de contemplação e partilha. Aí, sim, o saber teológico começará a transpor a própria interioridade, incorporando-se na vida de cada dia e, pela ação com o Espírito, gestará e alimentará formas renovadas de pertença à Igreja e de serviço ao Reino de Deus.

Certamente esta coleção cruzará novas fronteiras. Estará a serviço de um sem-número de pessoas e comunidades eclesiais da América Latina e do Caribe, com elas dialogando. Estreitaremos nossos laços e poderemos ampliar e aprofundar novas perspectivas evangelizadoras em nosso continente, respondendo ao forte clamor de preparar formadores e ministros das comunidades eclesiais.

A palavra do Papa João Paulo II, em sua Carta Apostólica *Novo millennio ineunte* [no começo do novo milênio], confirma e anima nossos objetivos pastorais e a tarefa já começada:

> *Caminhemos com esperança! Diante da Igreja, abre-se um novo milênio como um vasto oceano onde é necessário aventurar-se com a ajuda de Cristo* (n. 58).

> *É necessário fazer com que o único programa do Evangelho continue a penetrar, como sempre aconteceu, na história de cada realidade eclesial. É nas Igrejas locais que se podem estabelecer as linhas programáticas concretas — objetivos e métodos de trabalho, formação e valorização dos agentes, busca dos meios necessários — que permitam levar o anúncio de Cristo às pessoas, plasmar as comunidades, permear em profundidade a sociedade e a cultura através do testemunho dos valores evangélicos (...). Espera-nos, portanto, uma apaixonante tarefa de renascimento pastoral. Uma obra que nos toca a todos* (n. 29).

Com as bênçãos de Deus, certamente esta coleção cruzará novas fronteiras. Estará a serviço e dialogará com um sem-número de pessoas e comunidades eclesiais da América Latina e do Caribe. Estreitaremos nossos laços e poderemos ampliar e aprofundar novas perspectivas evangelizadoras em nosso continente, respondendo ao forte clamor de capacitar formadores e ministros das comunidades eclesiais.

Elza Helena Abreu
Coordenadora geral da Coleção LBT

Dados Internacionais de Catalogação na Publicação (CIP)
(Câmara Brasileira do Livro, SP, Brasil)

Bingemer, Maria Clara L.
    Deus-amor : a graça que habita em nós : Trindade e graça II : teologia sistemática / Maria Clara L. Bingemer, Vitor Galdino Feller. — São Paulo : Paulinas ; Valência, ESP : Siquem, 2003. — (Coleção livros básicos de teologia ; 7 / direção e coordenação Elza Helena Abreu)

    ISBN 85-356-1217-3 (Paulinas)
    ISBN 84-95385-43-0 (Siquem)

    1. Deus-Amor 2. Graça (Teologia) 3. Teologia — Estudo e ensino 4. Trindade I. Feller, Vitor Galdino. II. Abreu, Elza Helena. III. Título. IV. Série.

03-4889                                        CDD-231.044

Índice para catálogo sistemático:
1. Deus Trindade : Teologia sistemática    231.044

© Siquem Ediciones e Paulinas
© Autores: Maria Clara I. Bingemer e Vitor Galdino Feller

Com licença eclesiástica (2 de setembro de 2003)

Coordenação geral da coleção LBT: *Elza Helena Abreu*
Editora responsável: *Vera Ivanise Bombonatto*
Assistente de edição: *Valentina Vettorazzo*

Nenhuma parte desta obra pode ser reproduzida ou transmitida por qualquer forma e/ou quaisquer meios (eletrônico ou mecânico, incluindo fotocópia e gravação) ou arquivada em qualquer sistema ou banco de dados sem permissão escrita da Editora. Direitos reservados.

**Siquem Ediciones**
C/ Avellanas, 11 bj. 46003 Valencia — Espanha
Tel. (00xx34) 963 91 47 61
e-mail: siquemedicion@telefonica.net

**Paulinas**
Rua Pedro de Toledo, 164
04039-000 – São Paulo – SP (Brasil)
Tel.: (0xx11) 2125-3549  – Fax: (0xx11) 2125-3548
http://www.paulinas.org.br
editora@paulinas.org.br
Telemarketing e SAC: 0800-7010081

© Pia Sociedade Filhas de São Paulo – São Paulo, 2003

# INTRODUÇÃO

A fé cristã ensina que todas as pessoas são marcadas pela graça de Deus. Mesmo sem o saberem, vivem sob a dinâmica do amor e da bondade de Deus Trindade. Em todo ser humano habita a Santíssima Trindade. A graça da fé cristã está em saber que é essa a realidade fundamental que dá sentido à vida humana. Ao tomarem consciência dessa gratuidade absoluta, os cristãos vivem não somente em atitude de agradecimento, mas também no compromisso de corresponderem a esse amor divino e de o anunciarem a todos.

*Deus-Amor: a graça que habita em nós*. Com esse título, queremos caracterizar este livro como um ato de agradecimento e louvor a Deus Trindade, pelas maravilhas que ele faz em nossas vidas particulares, em sua Igreja e em toda a história da humanidade. Viver na liberdade a consciência e as conseqüências da relação com Deus-Amor é, antes de tudo, uma experiência de profundo abandono: somos entregues às mãos e ao coração de Deus. Não de um deus qualquer; não de um deus patrão, senhor, juiz, dominador de nossas consciências, castrador de nossa liberdade, castigador de nossos pequenos e grandes pecados. Mas de um Deus que é Pai, Filho e Espírito Santo. Um Deus-Amor, que nos impulsiona a ser e viver de tal modo que possamos desde já participar de sua natureza divina. Um Deus Pai, que é nossa segurança, amparo, proteção e estímulo. Um Deus Filho, que é companhia nas crises e cruzes de nossa caminhada pelas estradas da vida. Um Deus Espírito, que, no mais profundo de nós, marca-nos em nossa singularidade, provoca-nos a darmos o máximo de nós na abertura aos irmãos e irmãs, no empenho por uma Igreja mais comunial e participativa, na luta por uma sociedade mais justa.

O fato de termos escrito este livro a quatro mãos, como já o fizemos com o anterior — *Deus Trindade: a vida no coração do mundo* —, é um testemunho que temos o prazer de partilhar com nossos leitores e leitoras, como sinal de que a comunhão é possível. Uma mulher e um homem, uma leiga e um padre, uma carioca e um catarinense..., em nossas diferenças, buscamos viver a comunhão no amor e na graça de Deus, sobre o qual escrevíamos. Pôr em comum as descobertas, as pesquisas, os escritos; propor-se a corrigir e deixar-se corrigir; dispor-se a um trabalho demorado, numa gestação lenta e paciente, que implica trocas de correspondência, por correio eletrônico ou telefone; ver a obra avançando com acréscimos, cortes e modificações propostas por ambos os parceiros; entregar o produto final como obra comum..., enfim, viver o amor cristão na produção teológica, foi, para nós dois, o chão fecundo, para não dizer místico, de nossas experiências, de onde iam brotando os conceitos e clarezas racionais para melhor entendimento do mistério divino. Com isso, afirmamos que a tentativa de clarear o mistério da presença de Deus-Amor em cada ser humano foi, para nós, primeiramente, a tentativa de vivê-lo em nossas vidas.

Neste livro, pretendemos tratar da relação fundamental que existe entre Deus Trindade e cada ser humano, ou, mais especificamente, mas não excludentemente, entre Deus Trindade e o fiel cristão. Para nos introduzir nessa relação, o *capítulo primeiro* apresentará, em linhas gerais, a concepção cristã sobre o ser humano, vendo-o sempre marcado pela graça de Deus, desde sua origem até seu último destino. Depois de expor a teologia da criação na perspectiva da graça divina, mostramos a dura realidade do mal no mundo, tanto em sua vertente natural quanto em sua moral. Após discorrer brevemente sobre a destinação gloriosa do ser humano, o primeiro capítulo conclui que, do início ao fim, da criação à escatologia, o ser humano e o mundo vivem envolvidos pela graça, pelo amor de Deus Trindade.

O *capítulo segundo* trabalha a relação entre graça divina e liberdade humana, no enquadramento do difícil, mas fecundo, diálogo entre fé cristã e cultura moderna. Refletiremos aí sobre os diversos humanismos presentes em nossa sociedade. Servindo-nos do binômio graça-liberdade, procuraremos relacionar cristianismo e modernidade, na busca de um equilíbrio entre ambos. Defendemos que, de acordo com a teologia da graça, é necessário evitar uma relação de exclusão ou oposição entre cristianismo e modernidade, entre fé e razão, entre Evangelho e cultura. Uma relação de inclusão entre esses dois pólos que compõem a dinâmica da civilização ocidental terá como efeito o enriquecimento mútuo, tanto do cristianismo como da modernidade. Trataremos das grandes orientações culturais da modernidade, marcadas pelo espírito do egoísmo, da eficácia, do cientificismo. Veremos que, bem trabalhadas, evitando radicalismos e exacerbações, essas orientações podem conduzir o ser humano à felicidade que ele busca nesta terra. Entendemos que, em termos teológicos, são expressão da graça divina.

Ainda no capítulo segundo, faremos uma resenha de atitudes e atividades que continuam, nos dias de hoje, a expressar, na prática, as orientações de duas grandes heresias da doutrina da graça: o pelagianismo e o jansenismo. Depois de expor o núcleo humanista do cristianismo, explanaremos as contribuições que o cristianismo oferece para a solução dos graves problemas do nosso tempo. Por fim, veremos que nos grandes momentos da teologia cristã houve sempre uma preocupação em afirmar a liberdade humana, em viradas antropológicas que, embora parciais, marcaram a presença cristã no desenvolvimento da civilização ocidental. A grande virada antropológica do século XX, proposta por Karl Rahner e, depois, pelo próprio Concílio Vaticano II, tem marcado a teologia atual da graça e tem colaborado de modo mais equilibrado com a relação cristianismo-modernidade. Em todo esse capítulo, perpassa a idéia de que o ser humano é o caminho da Igreja, por ser ele justamente o destinatário da revelação do ser e do agir de Deus.

O *capítulo terceiro* volta-se para a Sagrada Escritura. Embora não se encontre nela um tratado explícito sobre a experiência da graça, notaremos que nela tudo é graça. Na Bíblia, interessa mais a relação entre Deus e o ser humano, entre Deus e o povo. A graça é vivida como experiência pura e simples, nas mais diversas dimensões da vida humana, do social ao pessoal, do político ao religioso. Esse capítulo fará breve resenha de uma seminal *teologia da graça* do Antigo e do Novo Testamento.

O *capítulo quarto* mostra como a experiência da graça foi refletida e avaliada na história da fé cristã. Veremos que a experiência da graça foi vivida, e sua doutrina foi sendo sistematizada, em meio a conflitos e polêmicas. Seguiremos os grandes momentos da teologia da graça: a compreensão dos Padres da Igreja no Oriente; a reflexão de Agostinho; o pelagianismo e o semipelagianismo; o predestinacionismo; a doutrina de Tomás de Aquino; a Reforma Protestante e o Concílio de Trento; o jansenismo e a controvérsia *de auxiliis*. Em todo esse itinerário, teremos como bússola a atenção para a relação entre graça divina e liberdade humana. Depois de apresentar algumas exigências e indicações para a teologia da graça de nossos tempos, concluiremos esse capítulo mostrando os quatro enfoques de teologia da graça que foram sendo abordados nesses dois mil anos de cristianismo: o enfoque oriental na divinização do ser humano, o enfoque agostiniano-ocidental na justificação, o enfoque na libertação e o enfoque ecológico na salvaguarda da criação.

O *capítulo quinto* versará sobre a experiência da graça vivida pelo cristão. A experiência de sentir-se amado por Deus e convidado a amar a Deus e aos irmãos, fazendo disso seu estilo e seu modo de viver, é o que a teologia cristã chama de espiritualidade. Ao longo desse capítulo, examinaremos, pois, as características dessa espiritualidade cristã. Veremos como ela pressupõe uma relação amorosa com Deus, que é Pai, Filho e Espírito Santo. Refletiremos como ela implica uma experiência divina profunda e transformadora, que se desdobra em conseqüências concretas para a vida prática do cristão. Percebemos, em conseqüência, que a espiritualidade cristã implica a relação com um Deus que é pessoa, que é social e solidário, compassivo, amante, amado e amor. A relação com esse Deus, o experimentar-se habitado por seu Espírito e banhado por sua graça, é o que nos salva e nos faz viver plenamente. Todo o decurso do capítulo apontará para o fato de que essa experiência da graça salvífica do amor de Deus só é, e só pode ser, trinitária. A espiritualidade cristã consiste, pois, em deixar-se mover pelo Espírito, no seguimento de Jesus Cristo, nosso Senhor e Filho de Deus, fazendo a vontade do Pai.

Capítulo primeiro

# O SER HUMANO, MARCADO PELA GRAÇA DE DEUS

A vida cristã tem como característica a relação com Deus Trindade. Ser cristão é saber-se filho amado, filha amada de Deus Pai, irmão/irmã de Jesus Cristo, morada do Espírito Santo. É viver na liberdade a consciência e as conseqüências dessa relação. Na verdade, segundo nossa fé cristã, todo ser humano é marcado pela graça de Deus. A diferença está em que nós, cristãos, sabemos dessa marca, temos consciência desse selo que nos acompanha pela vida afora. No entanto, não só quem é cristão, mas todo ser humano foi criado por Deus e para Deus. Todo ser humano traz em si a marca indelével do Criador. Todo ser humano é "imagem e semelhança" de Deus (Gn 1,26). Esse é o dom primeiro e absoluto, que nos acompanha ao longo de toda a nossa vida. Dom imerecido, que revela a abertura do coração de Deus para com a humanidade.

Todo ser humano vive dessa gratuidade divina; é marcado, portanto, pela presença de Deus em si, em sua origem e destino. A Boa-Nova que Jesus Cristo nos anunciou, resumida por seu apóstolo João, é esta: "Deus é Amor" (1Jo 4,8.16).[1] Esta é a boa notícia que os cristãos temos a dar ao mundo: vivemos em Deus, no amor de Deus; somos de Deus (1Jo 4,6). Somos feitos pelo amor, para o amor. Nossa pátria é o amor; dele viemos, nele vivemos, para ele voltaremos. Há uma intercomunhão, uma intersubjetividade, uma relacionalidade, uma misteriosa solidariedade, que independe de nossa consciência e de nossos méritos, entre Deus e cada ser humano e entre todos os seres humanos. A essa capacidade de abrir-nos e amar-nos, a essa vida divina em nós, que nos permite sair de nós para viver com Deus e em Deus, chamamos de graça. A vida humana e, por extensão, a vida da natureza e toda construção histórica, tudo, enfim, é marcado pela graça, isto é, pela presença de Deus. Nós vivemos em Deus, ele vive em nós. A essa relação de aliança e parceria, a teologia cristã chama de vida em graça.

---

[1] As citações bíblicas são tiradas da tradução da CNBB. As exceções serão devidamente indicadas, com a sigla correspondente.

Certamente, é preciso desde já perceber — embora isso deva ser esclarecido mais adiante — que há diversos níveis da experiência dessa relação. Por enquanto, basta-nos atender à vocação humana, proveniente da própria criação. No próprio ato de criar, Deus chamou cada um dos seres criados à vida e, em conseqüência, à relação com ele, única fonte da vida. Para Deus, criar é chamar, é convocar, é atrair. Chamar é criar laços de amizade, de amor, de compromisso, de destino.

Neste livro, pretendemos tratar dessa relação fundamental entre Deus Trindade e o ser humano, ou, mais específica, mas não excludentemente, entre Deus Trindade e o cristão. A relação entre Deus e o ser humano é o tema central do tratado teológico que leva o nome de teologia da graça, com o qual nos ocuparemos ao longo deste livro.

A teologia da graça estuda o ser humano como peregrino na história, a caminho da pátria definitiva. Esse ser humano é marcado pela ação salvífica de Deus em sua vida, pela relação entre a iniciativa salvífica divina e a própria liberdade humana. Dessa inefável realidade ocupa-se a antropologia teológica, a extensa área da teologia que estuda o ser humano do ponto de vista da fé cristã. Essa área, com efeito, estende seu olhar e seu pensamento sobre o ser humano, como pessoa e como coletividade, em seus três grandes momentos: sua origem, sua caminhada e seu destino. Cada um deles, no entanto, é estudado por uma disciplina própria.

Assim, cabe à antropologia teológica fundamental (antes chamada de protologia) o estudo sobre o ser humano em sua origem. Dois grandes temas são desenvolvidos por essa disciplina: o ser humano como criatura de Deus e o ser humano como desprezador de Deus. À teologia da graça cabe, como foi dito, o estudo sobre o ser humano em sua caminhada de salvação. À escatologia cabe o estudo sobre o destino último do ser humano.

Faremos, neste capítulo, a título de introdução ao tema do livro, uma breve exposição da verdade cristã sobre o ser humano, como ela é apresentada na atual antropologia teológica e na escatologia, a fim de podermos nos situar melhor em nosso estudo de teologia da graça, por meio do qual queremos conceber o ser humano como marcado desde sempre e para sempre pela graça amorosa de Deus. Além disso, apresentaremos, neste capítulo, a linha fundamental do livro: uma visão positiva da criação e, conseqüentemente, do plano salvador de Deus, e, como decorrência, uma insistência na precedência absoluta da graça, sem, com isso, omitir ou minimizar o mal e o pecado. Desse modo, inspirados na teologia oriental da graça, mais do que sublinhar a ruptura entre o ser humano e Deus e a sucessiva reconciliação pela graça redentora, proporemos uma visão mais ampla da graça, como culminação e plenitude da obra da criação.

## 1. A GRAÇA DA CRIAÇÃO

Como criatura, o ser humano é atraído pela graça divina para a comunhão; é constituído como nó de relações, é feito pelo amor e para o amor. Apesar dos limites próprios à sua criaturalidade, apesar de suas carências e vazios provenientes da natureza criada, o ser humano é marcado pelo bem e pelo amor. É a dimensão da graça que envolve, de modo primordial e total, a vida humana e toda a obra da criação. O mal que provém da própria criação, como carência da perfeição, que podemos chamar de mal criacional, mal natural ou mal físico, não consegue jamais superar a dimensão primeira e maior da graça criacional. Esta é a primeira e definitiva graça: termos sido criados por Deus, que é amor! Nesse sentido, viver segundo essa consciência e experiência é o caminho comum a todos os seres humanos. A diferença é que nós, cristãos, sabemos que é assim. "Nós sabemos que somos de Deus" (1Jo 5,19). "Sabemos que tudo contribui para o bem daqueles que amam a Deus" (Rm 8,28). Para o cristão que esqueceu essa verdade, vale a advertência de Paulo: "Não sabeis que sois templo de Deus e que o Espírito de Deus habita em vós?" (1Cor 3,16). Ou ainda: "Acaso ignorais que vosso corpo é templo do Espírito Santo que mora em vós e que recebestes de Deus?" (1Cor 6,19).

Nós, cristãos, sabemos por quem fomos criados. Sabemos de onde viemos. Insiste-se aqui na necessidade de firmarmos nossa fé em Deus Criador, no ato livre e amoroso da criação. É preciso resgatar o alegre anúncio da doutrina cristã da criação: somos criados em graça. Por isso — dizíamos acima —, o mal criacional, os males provenientes das carências naturais (imperfeições, cansaços, perdas, dores, sofrimentos...) não se comparam com a graça criacional. A graça é anterior, é superior e será a última e definitiva realidade. Nenhum mal criacional a superará. Mas não somente o mal criacional. Tampouco o mal moral ou histórico, que é o pecado e tudo o que dele provém, consegue superar esse bem primordial da graça criacional. Por isso, o cristianismo é a religião da graça, da vitória do bem sobre o mal, da vida sobre a morte. É a face otimista e alegre da vida cristã. Desde a criação já somos marcados pela graça da vida e da liberdade, da comunhão e da festa.

Essa perspectiva otimista da teologia da criação está muito bem fundamentada em diversas passagens da Escritura. Para situarmo-nos na moldura cristológica e antropológica da teologia da graça que propomos, é útil uma breve resenha da doutrina da criação sugerida por Paulo, sobretudo na Carta aos Colossenses, e por João, sobretudo no prólogo do seu evangelho. O cristianismo assume a doutrina judaica da criação, dando continuidade à perspectiva histórico-salvífica que caracteriza a teologia da criação do Antigo Testamento. Mas essa continuidade é apresentada no enquadramento da novidade da revelação definitiva de Deus em Cristo. Em sua vida, morte e ressurreição, Jesus de Nazaré é visto como a presença e a atuação do Deus-Amor. Com base no reconhecimento da mediação de Jesus na obra da salvação, os textos do Novo Testamento alargam o horizonte para verem em Jesus Cristo o mediador de toda a obra de Deus, desde a criação, passando pela redenção, até a recapitulação final.

Em seus escritos, sobretudo na Carta aos Colossenses, Paulo apresenta a íntima relação que há, por meio de Cristo, entre criação e salvação. Com Javé, Deus Pai Criador, "do qual vêm todos os seres e para o qual nós existimos", Jesus Cristo é o Verbo eterno, o único Senhor, "pelo qual tudo existe e nós igualmente existimos por ele" (1Cor 8,6). No hino cristológico da Carta aos Colossenses (Col 1,15-20), Jesus Cristo é apresentado como o mediador da obra criadora e salvadora de Javé; ele está no início, na continuação e na consumação da criação. Como imagem visível do Deus invisível (Col 1,15) e como segundo e novo Adão e verdadeiro homem (1Cor 15,47-48), Jesus Cristo tem a primazia sobre toda a criação. Ele é a causa eficiente, exemplar e final da criação (Col 1,16). É a causa eficiente, instrumental, operativa, porque o mundo foi criado *por ele*, por meio dele, através dele. É a causa exemplar, modelar, porque o mundo foi criado *nele*, em sua imagem, forma e modelo. É a causa final, escatológica, porque o mundo foi feito *para ele*, para que ele viesse a nós, pela encarnação, e para que o mundo voltasse a ele, pela ressurreição de toda a carne, pela plenificação de toda criatura. Assim, ele está na origem do mundo, porque é o primeiro, o primogênito de toda criação (Col 1,15.18); está no presente da criação, porque a salva, dando-lhe sustento, e a reconcilia, dando-lhe consistência (Col 1,17; Hb 1,3); estará no seu final, porque é o último, o recapitulador de tudo (Col 1,19-20). Herdeiro do Pai Criador, ele sustenta o universo com a força de sua Palavra (Hb 1,1-4). Não permitirá, portanto, que a criação termine em destruição ou aniquilamento, mas a levará à sua plena realização, porque, sendo alfa, ele é também o ômega (Ap 21,6), o reunificador, o recapitulador (Ef 1,3-14) dos novos céus e da nova terra (2Pd 3,13; Ap 21,1).

Também João apresenta a criação em moldura cristocêntrica. No prólogo do seu evangelho (Jo 1,1-4.9-14), João retoma a doutrina da criação revelada no Gênesis e nos livros sapienciais (Gn 1,1-3; Pr 8,22-31; Eclo 24,8-14), apresentando Jesus Cristo como o Logos, a Sabedoria, a Palavra criadora de Javé. Em Jesus, temos a revelação definitiva de Deus-Amor (1Jo 4,8.16). Ele é a última e decisiva chave de interpretação da realidade. Ele é a Palavra eterna, que sempre existiu junto de Deus, por meio da qual tudo foi feito e sem a qual nada foi feito de tudo o que existe (Jo 1,3). Jesus Cristo é a Palavra eterna feita carne, ação, história, amor (Jo 1,14). Por meio dele, a eternidade armou sua tenda entre nós, para revelar-nos sua glória e plenificar-nos com sua graça e verdade (Jo 1,14-15). Desse modo, a encarnação da Palavra valoriza o ser humano, a história e o cosmo. Apesar dos limites da criação e do pecado do ser humano, o Logos vem para iluminar e vivificar o mundo (Jo 1,9). No Verbo encarnado, temos a revelação explícita da bondade radical da criação e, especialmente, do ser humano.

O ser humano foi criado na graça e na glória de Cristo, que é o ser humano por excelência (*Gaudium et spes* 22). Nessa comunhão ontológica de cada ser humano e de toda a humanidade em Cristo, fundamenta-se a fé cristã que afirma: o ser humano foi e é criado incessantemente por Deus como nó de relações, para viver sempre em comunhão. Ele é um ser constitutivamente comunitário. Contudo, desde a origem, no momento em que fez uso de sua liberdade, em vez de firmar essa condição natural e de se aceitar como criatura de Deus, dele dependente e para ele orientado, o ser humano quis afirmar-se a si mesmo, egoisticamente, isolado em suas próprias posições, desejos e idéias. Desse modo, marcou sua existência como desprezador de Deus e do projeto divino sobre si mesmo e sobre o mundo.

Como desprezador de Deus, o ser humano deixou-se marcar pelo pecado desde o primeiro instante do exercício de sua liberdade. Introduziu em suas relações com Deus, com os outros e com a natureza o vírus da ruptura, da desordem, do egoísmo. Por esse vírus, dificilmente controlado, dissemina-se o mal. Não apenas o mal criacional, passivo, mas sim e sobretudo o mal moral, ativo, agressivo. Instaura-se a (des)ordem da violência, da exclusão, da injustiça. Embora saibamos, pela fé, que o pecado nunca vence o amor, o mal nunca supera o bem, sabemos também, por experiência, que o mau uso ou abuso da liberdade humana produz efeitos nefastos para a vida humana pessoal e coletiva.

Convivemos, portanto, com o mal. Persistem a maldade e a violência, a agressão e a injustiça. Quantas mortes, dores e exclusões! Parece que o império do mal estende suas garras e toma os corações. É a dimensão da desgraça, com a qual lidamos no cotidiano de nossa existência.[2] Admite-se aqui o poder do mal. Embora creiamos que nem o mal criacional nem mesmo o mal moral consigam dominar e destruir a graça criacional, é preciso reconhecer o poder destruidor do mal. Sobretudo porque essa é a experiência imediata que todos fazemos: o mal nos persegue de todos os modos. A fé cristã não se ilude em concepções ingênuas a respeito do ser humano. Pelo contrário, sabe que o mal está à solta pelo mundo, realizando uma tarefa predatória.

Ao otimismo cristão, que vive agradecido pela graça criacional, não correspondem nem a ingenuidade infantil nem a pretensão prometéica,

---

[2] Sobre a relação entre graça e desgraça, ver as reflexões de: BOFF, Leonardo. *A graça libertadora no mundo*. Petrópolis, Vozes, 1985. pp. 16-17; 77-82; 105-110.

atitudes muito próximas entre si, que põem o ser humano cada vez mais no caminho da maldade.

O *infantilismo ingênuo* só vê o bem no ser humano, fecha os olhos à realidade de injustiça e à violência do mundo, julga que as expressões do mal são apenas pedras de tropeço na caminhada humana rumo à sua maturidade racional; não reage ao mal, à espera de que tudo se resolva a partir de cima e de fora, por atos mágicos. Como sabemos, quem não vê o mal e não o reconhece não conseguirá jamais se converter, nunca conseguirá eliminá-lo.

A *pretensão prometéica* vê no ser humano a força da *hybris*, da capacidade humana de superar a si mesma, de buscar sempre, por própria conta e razão, o bem maior. Não atenta para o perigo do autoritarismo e do exclusivismo aí presentes, como se pode perceber nas propostas cientificistas e tecnicistas do mundo atual.

Ambas as atitudes — a ingenuidade infantil e a pretensão prometéica — colaboram para o estreitamento da liberdade humana no caminho do mal. São atitudes adâmicas, que marcam todo ser humano (*adam*, em hebraico) desde a origem e que só podem ser superadas no reencontro amoroso com a graça de Deus.

## 2. O REALISMO CRISTÃO

Entretanto, se a fé cristã não é nem ingênua nem prometeicamente otimista, tampouco é pessimista. Se ela adverte sobre a presença do mal, não o faz por espírito negativista, para diminuir ou menosprezar as capacidades humanas. A fé cristã é realista. Fundamentada na realidade humana e advertida pela revelação bíblica, reconhece a presença do mal no mundo, seja como condição da própria natureza frágil e finita da criatura, seja como efeito do mau uso da liberdade humana.[3] Na linguagem de são Paulo, diríamos: "Sou carnal, vendido ao pecado como escravo. De fato, não entendo o que faço, pois não faço o que quero, mas o que detesto [...] Não faço o bem que quero, mas faço o mal que não quero" (Rm 7,15.19).

Se o mal criacional tem sua explicação na própria obra da criação, o mal moral, no entanto, em sua expressão ativa de agressão e violência à vida, de produção de morte, provém do coração humano. Por isso, o cristianismo é também caracterizado por esta visão realista: o mal existe e pode dominar o coração humano, a história e a sociedade. De tal maneira,

---

[3] Sobre a questão do mal, ver: EDITORIAL. O mistério do mal. *Perspectiva teológica* 91 (2001), pp. 301-307; TORRES QUEIRUGA, Andrés. Repensar o mal na nova situação secular. *Perspectiva teológica* 91 (2001), pp. 309-330; AGOSTINI, Nilo. O mal nos desafia. *Perspectiva teológica* 91 (2001), pp. 331-362.

porém, uma certa tendência no cristianismo exacerba tanto a denúncia e a condenação do mal que parece mascarar a religião da graça como uma religião pessimista. Com efeito, pelo fato de insistir demasiadamente na força do mal, fez-se do cristianismo uma religião do *não*, da repressão à alegria, de proibições, mortificações e renúncias. Tornou-se para alguns uma religião *estraga-prazeres*. O problema está não em reconhecer a presença e o poder do mal no coração das pessoas e nas estruturas do mundo, mas em fazer do mal o centro de nossa atenção teológica e pastoral. Assim, dá-se tanta importância ao mal que fica a impressão de ele ter o mesmo valor e estar na mesma altura do bem e da graça. Esquece-se que o mal só é possível por causa do bem, como a sombra é possível por causa da luz. Afinal, fomos criados na liberdade e colocados em situação de decisão.[4]

Pois, como adverte Torres Queiruga:

> Se Deus criou o mundo, é porque, apesar de tudo, o mundo vale a pena. Com isso, a presença do mal, sem ser negada nem banalizada, fica, não obstante tudo, relativizada: a negatividade do mal está envolvida pela positividade do mundo, que, no final das contas, torna-se capaz de se realizar; que, de um modo ou de outro, pode afirmar seu sentido e defender-se contra o absurdo.[5]

O cristianismo não põe bem e mal no mesmo patamar, em pé de igualdade, como se ambos tivessem a mesma força de atração ou o mesmo poder de influência sobre a liberdade humana. Para os cristãos, por sua fé em um Deus-Amor, criador bom de todas as coisas, o bem é maior, é primeiro e último. "Nele vivemos, nos movemos e existimos" (At 17,28). O bem, que é a graça do amor de Deus, é anterior, é maior e é definitivo. Antes do pecado original, a bênção original. Mais que o pecado, a graça. De fato, afirma Paulo: "Onde se multiplicou o pecado, a graça transbordou" (Rm 5,20). Estamos desde sempre e para sempre marcados, envolvidos pelo bem. O mal só é possível por causa do bem. Por paradoxal que seja, a fé cristã entende que o mal existe por causa do bem. Não no sentido de produção, mas no sentido de possibilidade. O bem não produz, mas possibilita o mal, tendo em vista que este é praticado na liberdade. E todo mal nada mais é, na verdade, do que carência do bem. Por ser, portanto, privação do bem, o mal não tem consistência própria, é o "nada absoluto".[6]

A possibilidade do mal se explica por meio de duas vertentes — a condição criatural e a liberdade humana — de uma única fonte: o amor de Deus Trindade. Para podermos experimentar o grande bem da graça

---

[4] GARCÍA RUBIO, Alfonso. *Unidade na pluralidade*; o ser humano à luz da fé e da reflexão cristãs. São Paulo, Paulus, 1989. p. 548.
[5] TORRES QUEIRUGA, Andrés. *Recuperar a salvação*; por uma interpretação libertadora da experiência cristã. São Paulo, Paulus, 1999. p. 111.
[6] AGOSTINHO. *Confissões* III, 7,12.

criacional, temos de suportar a carência de perfeição. Somos criaturas, não deuses. Somos chamados à perfeição. Criados na forma de semente, que deve germinar, crescer e produzir frutos, aperfeiçoando-nos na própria maturidade de nossa condição criacional-estrutural: nó de relações. Para podermos experimentar o grande bem da liberdade, temos de arcar sempre com a possibilidade de escolher, pelo nosso livre-arbítrio, o mal. Dessa forma, tanto o mal criacional quanto o mal moral só podem ser entendidos na condição primeira do ser humano: criado bom, pelo bem e para o bem.

Ao criar o mundo e o ser humano, Deus Trindade não nos fez perfeitos, prontos, acabados. Por sermos criaturas, não somos o Criador, não podemos ter a sua perfeição. Embora criados imperfeitos, somos criados no caminho da perfeição e da plenitude, estimulados ao amadurecimento e ao aperfeiçoamento de nossas potencialidades. Nesse caminho rumo à plenitude, o ser humano e, com ele, o mundo vivem sob tensões, angústias e fadigas próprias da caminhada e do esforço, do trabalho e da luta pela sobrevivência e pela construção da vida pessoal e da vida em sociedade.

Cansaço, perdas, dores são expressões do mal. Mas são males de ordem criatural. São experimentados de modo passivo, na serenidade de quem avança rumo a um bem maior, na disposição do sacrifício e da disciplina necessários para alcançar a vitória. Por paradoxal que pareça, afirmamos: Deus Trindade, em seu amor, está envolvido com esse mal. Com efeito, cremos que há um só Deus criador. É inconcebível à fé cristã a imagem de dois deuses, duas fontes de vida, uma para o bem, outra para o mal. Cremos num único Deus, que é Pai, Filho e Espírito Santo, a Santíssima Trindade, que criou todas as coisas, visíveis e invisíveis, materiais e espirituais. Até mesmo Satanás, entendido como expressão máxima do mal, foi criado por Deus como criatura espiritual, angelical, boa.[7] Portanto, por ser a fonte e origem de todas as coisas, Deus não se situa fora da problemática do mal, sobretudo em sua forma criacional. Não, porém, no sentido de tê-lo desejado, mas no sentido de ter de suportá-lo como condição natural à sua própria obra criada. Não querendo criar o ser humano apenas como espectador, mas como ator e agente de sua história, Deus o criou "à sua imagem" (Gn 1,27), isto é, com a capacidade divina de amar e dialogar, de tomar decisões e fazer sua própria história. O ser humano é, pela própria criação, chamado a ser como Deus mesmo é: fecundo e criador, dialogal e responsável, único e relacional.

Deus Trindade cria o ser humano à sua imagem. Assim, cada uma das três pessoas divinas deixa no ser humano sua própria marca. A fé cristã afirma que tudo o que Deus faz fora de seu círculo trinitário é obra das três pessoas divinas. Criação, encarnação-redenção e santificação são, por-

---

[7] IV Concílio de Latrão (1215), em sua reação ao dualismo dos cátaros e albigenses: DH 800.

tanto, obras das três pessoas. Em sua reflexão teológica, espiritualidade, liturgia e piedade, a fé cristã atribui, contudo, a cada pessoa divina uma obra própria: ao Pai, a criação; ao Filho, a encarnação-redenção; e ao Espírito Santo, a santificação. Embora, pois, a fé cristã atribua a Deus Pai a criação, como sua obra própria, também reconhece que cada pessoa divina é criadora, que o Filho e o Espírito Santo atuam de forma única e original na obra da criação. Assim, o Pai, o Filho e o Espírito Santo agem na criação, cada um a seu modo e de acordo com sua identidade e peculiaridade.[8]

Sendo Pai, Deus cria o ser humano como criador, co-criador, capaz de fecundar e produzir, de ser fonte de vida e amor. Sendo Filho, Deus cria o ser humano como capaz de obediência ao Pai, de entrega aos outros, de diálogo e responsabilidade na relação com o Pai e com os irmãos e irmãs, como transformador da história, capaz de realizar neste mundo o sonho de Deus. Sendo Espírito Santo, Deus cria o ser humano como ser livre, único na sua singularidade, diferente dos outros, diverso das outras criaturas, chamado a dar sua contribuição à comunidade humana por uma existência relacional. Desse modo, o ser humano, criado em pura graça e dom, é chamado e desafiado a superar a si mesmo. Sua vida é, pois, dom e tarefa. Por isso, para que se torne de fato "imagem de Deus", o ser humano precisa de tempo, de história, de caminhada. Ele é um ser histórico, situado e datado.

De fato, a Escritura diz: "Vocês se tornarão como deuses" (Gn 3,5: EP). O verbo no futuro indica a grande vocação humana: chegar à participação da vida divina, como decorrência de uma longa caminhada terrena. Ser "como Deus, conhecedores do bem e do mal" (Gn 3,5: CNBB), tornar-nos participantes da natureza divina (2Pd 1,4). Aí está a tarefa, o desafio que nos cabe na longa caminhada, pessoal e coletiva, que temos pela frente. Uma caminhada marcada pela graça, isto é, pela presença de Deus, pela aliança com ele. O processo de nossa divinização é, de fato, o processo de nossa própria humanização. Quanto mais humanos, mais divinos. É na sua auto-realização que o ser humano responde à revelação divina. "Na resposta à revelação, o ser humano está realizando-se: está construindo, com base na última radicalidade, a história de seu ser. Nesse sentido, a palavra de Deus ao ser humano constitui a mais radical entrega do ser humano a si mesmo."[9]

---

[8] BOFF, Leonardo. *A Trindade e a sociedade*. Petrópolis, Vozes, 1987. pp. 259-278; FORTE, Bruno. *A Trindade como história*; ensaio sobre o Deus cristão. São Paulo, Paulus, 1987. pp. 157-180; MOLTMANN, Jürgen. *Trindade e Reino de Deus*. Petrópolis, Vozes, 2000. pp. 122-124.

[9] TORRES QUEIRUGA, Andrés. *A revelação de Deus na realização humana*. São Paulo, Paulus, 1995. p. 200. Do mesmo autor: "Se o ser humano se está levantando e conquistando a si mesmo com base na natureza, o chamado da revelação divina significa justamente o estrato último na construção de sua realidade especificamente humana" (p. 201).

A humanização-divinização, por outro lado, é o desafio de nos tornarmos de fato, como tarefa, o que já somos pelo dom divino: cada ser humano é um nó de relações, é um ser relacional. É o que atesta o revigorante apelo do apóstolo João: "Vede que grande presente de amor o Pai nos deu: sermos chamados filhos/filhas de Deus! E nós o somos! [...] desde já somos filhos/filhas de Deus, mas nem sequer se manifestou o que seremos! Sabemos que, quando Jesus se manifestar, seremos semelhantes a ele, porque o veremos tal como ele é" (1Jo 3,1-2). Jesus de Nazaré foi esse ser plenamente relacional, comunicativo, pró-existente.[10] Na sua história humana, assumida como entrega em favor de todos, como sensibilidade para com os pequenos e pobres, como disposição permanente para a autêntica relação, ele revelou sua divindade. Portanto, também nós: quanto mais relacionais, mais humanos, mais divinos,[11] mais próximos de Deus-Amor, que é pura relacionalidade, comunicação perfeita, comunhão eterna.

Este é o nosso desafio: tornarmo-nos em nossa meta o que já somos em nossa origem (1Jo 3,1-2); tornarmo-nos humanos, divinos. Considerando que tanto a nossa origem como a nossa meta se encontram em Deus-Amor, é impossível ao ser humano realizar-se fora da relação com ele, ou seja, fora do amor. Por isso, quando o ser humano pretende tomar posse da condição divina como se lhe fosse própria e não como se fosse um dom recebido gratuitamente e sem mérito algum, quando pretende fazê-lo queimando etapas, por conta própria e de modo egoísta, nesse instante seus olhos se abrem para perceber que está nu (Gn 3,7), que está sozinho, desamparado, marcado pelo poder do mal.[12] Percebe que não tem condições de sair, por sua própria conta, dessa situação. Nesse instante, é chamado gratuitamente por Deus a retornar à vida na graça.

## 3. A ORIGEM E A SUPERAÇÃO DO MAL CRIACIONAL

Na caminhada do ser humano rumo à plenitude surge, portanto, como vimos, o mal. Há que se considerar primeiramente o mal criacional, que é sofrido passivamente: cansaços, perdas, renúncias, fatalidades, dores, morte. Podemos supor que, se não fosse o pecado, esse mal seria vivido

---

[10] SOBRINO, Jon. *Jesus na América Latina*; seu significado para a fé e a cristologia. São Paulo/Petrópolis, Loyola/Vozes, 1985. pp. 39-84.
[11] FELLER, Vitor Galdino. O lugar de Deus em Santo Domingo. *Perspectiva teológica* 59 (1991), pp. 93-103.
[12] A nudez de Gn 2,25 poderia significar que "a pessoa individual abre os olhos e percebe que não só não se tornou *como Deus*, mas também perdeu a relação original com Deus, consigo mesma e com os outros; em outras palavras, perdeu o acesso à árvore da vida": STORNIOLO, Ivo & BALANCIN, Euclides. *Como ler o livro do Gênesis*; origem da vida e da história. São Paulo, Paulus, 1991. p. 23.

com serenidade, com confiança na bondade divina, como condição natural de nossa caminhada rumo ao amadurecimento do ser humano e ao aperfeiçoamento da criação. Por paradoxal que pareça, a bondade de Deus Trindade, criador do ser humano na condição material e temporal, está na base desse mal. Pois Deus não nos criou prontos, acabados, mas como seres a caminho, chamados a usar a liberdade e todos os talentos recebidos para buscarmos a perfeição no seu amor.

Nesse sentido, podemos também supor que a encarnação do Filho faria parte da obra criadora de Deus Trindade.[13] "O projeto divino da criação do ser humano já traz em germe a encarnação futura do Verbo. Criação e encarnação já estão co-implicadas, uma completa a outra. [...] A encarnação realizar-se-ia mesmo fora da queda original (pecado), como expressão do amor divino e termo último da comunhão entre Deus e o ser humano."[14] Mais que redimir o ser humano do pecado, a encarnação teria o objetivo de simplesmente expandir o amor de Deus para fora do círculo trinitário e, assim, encaminhar e encabeçar toda a criação, com o ser humano à frente, na direção da plenitude. É o que a teologia cristã chama de obra recapituladora do Filho feito homem. Em tudo isso resplandece, pois, a graça de Deus. O mal criacional é suportado e vencido pela graça da obra recapituladora de Deus feito homem.

Podemos, então, supor que, mesmo se não tivesse havido pecado no mundo, haveria sofrimento. Mas esse tipo de sofrimento seria suportável pela dinâmica própria de uma caminhada segura e serena, sem rupturas, rumo à plena maturidade. E seria, enfim, transformado por Cristo em sua obra recapituladora. Supondo-se, ainda, que haveria a encarnação do Verbo mesmo que não tivesse havido o pecado, é de se concluir que o Filho de Deus não passaria pelo sofrimento como agressão e rejeição até a morte de cruz, mas suportaria todas as limitações humanas, como os

---

[13] A hipótese teológica que afirma a encarnação do Filho independentemente do pecado, embora impossível de ser comprovada, sempre foi tida em grande apreço na tradição teológica. Desde Irineu, passando por Boaventura e Duns Scoto, até Karl Rahner, foram muitos os teólogos que interpretaram a salvação como aperfeiçoamento do bem e, portanto, como recapitulação. Contudo, desde Orígenes e Agostinho, passando por Anselmo e Tomás de Aquino, até Schillebeeckx, prevaleceu a corrente teológica — que não carece de comprovação histórica, pela evidência dos fatos — que tem assegurado que a encarnação se deve ao pecado, interpretando, assim, a salvação como libertação do mal, como redenção [GALVIN, J. P. Jesus Cristo. In: FIORENZA, F. S. & GALVIN, J. P. *Teologia sistemática*; perspectivas católico-romanas. São Paulo, Paulus, 1997. v. I, pp. 325-425, aqui: 411-421]. De nossa parte, como o leitor já percebeu, preferimos a hipótese da obra recapituladora, do aperfeiçoamento do bem. Entendemos que na recapitulação está presente também a redenção, no aperfeiçoamento do bem está incluída a libertação do mal. Tem, pois, essa interpretação maior abrangência, é mais otimista, oferece maior respiro para uma teologia em diálogo com as demais Igrejas, religiões e culturas e atenta aos grandes desafios de nosso tempo.

[14] EVDOKIMOV, Paul. *O Espírito Santo na tradição ortodoxa*. São Paulo, Ave Maria, 1996. p. 17.

próprios evangelhos testemunham. Tentações, crises, obscuridades, angústias são conseqüências dessa condição natural e criatural.[15] O Filho de Deus não foi "incapaz de se compadecer de nossas fraquezas, pois ele mesmo foi provado em tudo, à nossa semelhança" (Hb 4,15). Insiste-se: em tudo! Antes de dizer "menos no pecado" (Hb 4,15: EP) ou "sem todavia pecar" (Hb 4,15: CNBB), é preciso admitir a condição humana, criatural, mortal do próprio Filho de Deus. Nessa condição, não está presente, em primeiro plano, o pecado. Entende-se assim mais facilmente que o Filho de Deus se fez humano em tudo, mas não no desumano do pecado, que, como será visto mais adiante, desumaniza e desintegra o ser humano.

A encarnação de Deus em uma história que não fosse marcada pelo pecado teria como motivação principal, de um lado, a sua própria aproximação de nós, e, de outro, a nossa humanização e conseqüente divinização. Mesmo que não tivesse havido pecado, o mal criacional precisaria ser transfigurado. Dele necessitaríamos ser libertos, para podermos ser divinizados e gozar da felicidade eterna. É o que nos atestam as Escrituras, quando nos apontam para a recapitulação final (Col 1,15-20). Sem o pecado, a obra do Filho seria simplesmente encabeçar toda a criação e toda a humanidade, para aperfeiçoar o bem nelas presente e para transfigurar suas fraquezas, carências e limites, e, enfim, entregá-las ao Pai.

Com efeito, a Escritura afirma: "Ele transformará o nosso pobre corpo, tornando-o semelhante ao seu corpo glorioso, graças ao poder que o torna capaz também de sujeitar a si todas as coisas" (Fl 3,21). E ainda: "Quando tudo lhe estiver submetido, então o próprio Filho se submeterá àquele que lhe submeteu todas as coisas, para que Deus seja tudo em todos" (1Cor 15,28). Desse modo, podemos ter a certeza da fé e da esperança de que o mundo é bom, de que esse mundo bom nos pertence e de que haverá um final feliz. O apóstolo Paulo nos assegura: "Tudo vos pertence: [...] o mundo, a vida, a morte, o presente, o futuro, tudo é vosso, mas vós sois de Cristo e Cristo é de Deus" (1Cor 3,21-23).

## 4. A ORIGEM E A SUPERAÇÃO DO MAL MORAL

O mal — como já foi dito — só é possível por causa do bem. Até mesmo o mal moral tem sua origem na bondade de Deus Trindade. Pois Deus não nos criou fantoches, robôs, marionetes. Criou-nos à sua imagem e semelhança, livres, capazes de relação amorosa, de diálogo e de comunhão. Por isso, fomos criados em liberdade. Chamados à vida por Deus-Amor, não poderíamos corresponder a esse amor se não nos fosse dada a liberdade. Se fôssemos coagidos ao amor, se nossa resposta ao amor proviesse da

---

[15] SOBRINO, Jon. *Jesus o libertador*; a história de Jesus de Nazaré. Petrópolis, Vozes, 1994. pp. 219-235.

coerção, essa resposta não seria livre. Não seria, portanto, expressão de amor.

Deus nos ama e nos permite permanecer na total liberdade de corresponder ou não ao seu amor. Esse amor divino não é possessivo e dominador, mas, pelo contrário, é gratuito e respeitoso de nossa liberdade. Seu amor é de estímulo e incentivo, a fim de que usemos nossa vida e liberdade na correspondência e reciprocidade, cada vez mais firmes, com seu amor. Seu amor não é anzol que nos fisga, nos prende e exige retorno. Pelo contrário, é gratuito. De tal modo que toda resposta que a ele dermos, positiva ou negativa, é de nossa total responsabilidade. De tal modo que nossa resposta positiva seja totalmente proveniente tanto de sua graça estimuladora quanto de nossa liberdade agradecida. De tal modo que, no caso de nossa resposta negativa, a essência de seu amor não esteja de modo algum comprometida.

Portanto, o mal moral, proveniente do mau uso ou abuso da liberdade humana, é exclusivamente obra do ser humano. Em lugar de assumir a sublime vocação — "sereis como deuses" (Gn 3,5: TEB) —, no sentido da historicidade que aponta para o futuro e da relacionalidade que aponta para o irmão, o ser humano preferiu (ou prefere) assumi-la de modo imediatista e egoísta.[16] Egoísmo e imediatismo são precisamente a negação de dois elementos fundamentais de nossa estrutura humana: relacionalidade e historicidade. A vocação para a relação e a história, para a comunhão e o amadurecimento, tornou-se tentação. E o desafio foi assumido como pretensão, o chamado divino transformou-se em arrogância humana. O ser humano quis fazer seu mundo e sua história por conta própria, sem confiança em Deus e sem amor aos demais. Introduziu, assim, na criação, o vírus do pecado. Este é o mal moral.

Como o produção, o mal moral não vem de Deus, que não nos criou para o mal, mas para o bem; nem nos fez para a morte, mas para a vida. Esse mal, entendido como atividade, porque agride e violenta a própria criação, a vida e a liberdade que nos foram dadas por Deus, é obra humana. Vem de Deus somente na forma de possibilidade, não de realidade. Vem na forma de possibilidade porque, como vimos, Deus não nos quis criar

---

[16] Feller, Vitor Galdino. Deus Pai e o sofrimento do mundo. *Encontros teológicos* 26 (1999), pp. 15-34, aqui: 21. Ver também: Bingemer, Maria Clara & Feller, Vitor Galdino. *Deus Trindade;* a vida no coração do mundo. São Paulo/Valencia, Paulinas/Siquem, 2003. pp. 133-135. Sobre a relação entre Deus e o mal no mundo, ver: García Rubio, Alfonso. *Unidade na pluralidade.* São Paulo, Paulus, 1989. pp. 509-549; Gozellino, Giorgio. *Vocazione e destino dell'uomo in Cristo.* Torino, Elle Di Ci, 1985. pp. 202-207; 222-227; 278-287; Muñoz, Ronaldo. *O Deus dos cristãos.* Petrópolis, Vozes, 1987. pp. 136-137; Forte, Bruno. *Jesus de Nazaré;* história de Deus, Deus da história. São Paulo, Paulus, 1987. pp. 282-296; Torres Queiruga, Andrés. *Creio em Deus Pai;* o Deus de Jesus como afirmação plena do humano. São Paulo, Paulus, 1993. pp. 114-159.

marionetes, fantoches ou robôs sem liberdade. Criou-nos por amor na liberdade.

Contudo, por que Deus nos criou, sabendo que faríamos mau uso de nossa liberdade? Não teria sido melhor se ele não nos tivesse criado? Entra aqui a fé agradecida de quem confia no Senhor e em sua obra criadora. Entre não nos criar e criar-nos no risco de ver conspurcado o grande dom da liberdade, Deus Trindade preferiu a segunda opção, porque quis que participássemos de sua vida, de seu amor e de sua liberdade. Além do mais, não se pode esquecer que, na ordem da história, quando o Filho de Deus assumiu a natureza humana, não se deixou vencer pelo mal. Nunca praticou o mal, pois "nele não há pecado" (1Jo 3,5). Ao contrário, "por toda a parte, ele andou fazendo o bem" (At 10,38). Pagou o mal com o bem, a violência com o perdão. Desafiou seus interlocutores: "Quem de vós pode acusar-me de pecado?" (Jo 8,46). Veio trazer vida em abundância (Jo 10,10). Não se furtou a combater o mal, sob todas as suas formas injustas e idolátricas. Assim, o próprio Deus pagou caro o risco de seu amoroso ato criador. Tendo-se encarnado entre nós e deixando-se afetar por esse mal, ativo e agressivo, o próprio Deus sofre as conseqüências do uso indevido da liberdade humana.

A encarnação do Filho ganha, assim, uma nova configuração. Pois o pecado humano estabeleceu no mundo o império do mal, da violência e da exclusão, tornando poderoso o anti-reino em seu conflito com o Reino de Deus proposto por Jesus de Nazaré. Por causa disso, a encarnação do Filho de Deus se dá em um contexto conflitivo, em uma sociedade estruturalmente idolátrica, em que há deuses ou ídolos que não aceitam a presença gratuita e libertadora de Deus.[17] A encarnação torna-se redentora, pois Deus deve vencer seus opositores, os ídolos e seus adoradores, para que prevaleça o poder do amor.

Diante do assombroso poder do mal, que é capaz de rejeitar e excluir o amor feito homem, o Filho de Deus torna-se vítima para que não haja mais vítimas, ou melhor, para que todas as vítimas sejam libertadas do poder do mal. Como atesta o discípulo amado: "(Deus) nos amou e enviou-nos o seu Filho como vítima de expiação pelos nossos pecados" (1Jo 4,10: BJ). Quanto à soberania de Deus diante do mal no/do mundo, declara o grande teólogo ortodoxo Evdokimov: "Deus nunca é uma compensação às fraquezas do ser humano. Deus surpreende o ser humano lá onde é forte e poderoso, e eis por que o Evangelho deve estar presente em todos os riscos e decisões da condição humana".[18]

---

[17] SOBRINO, *Jesus, o libertador...*, cit., p. 241.
[18] EVDOKIMOV, op. cit., p. 107.

No assombro dessa revelação inefável, ousamos dizer: Deus Trindade, em cada uma das pessoas divinas, cada uma a seu modo e segundo sua identidade e peculiaridade, sofre as conseqüências do pecado humano, Não somente o Filho de Deus arca com as conseqüências da maldade humana. Também o Pai e o Espírito Santo sofrem o poder do mal criacional e histórico, mas, assumindo o mal em sua dinâmica de amor e de vida, vencem-no no mistério da Páscoa. Portanto, cada uma das três pessoas divinas, assim como estão empenhadas com a obra da criação — como já vimos —, também estão comprometidas com a obra da salvação.[19]

Na morte de Cristo na cruz, cada pessoa divina está engajada no compromisso de, passando por dentro do pecado e da morte, transformar a morte em vida, o mal em bem maior. Encontra-se aqui o centro do cristianismo: o mistério pascal. Deus mesmo enfrenta o poder do mal para vencê-lo de dentro. Deus não deixa que sua criação vá à deriva e se perca no nada da morte. O mal ativo e agressivo é vencido na força da vida pelo amor que se submete até a morte de cruz. Na cruz de Jesus Cristo acontece, mais do que a morte *de* Deus, a morte *em* Deus.[20] A morte é tragada pela vida (1Cor 15,54). O poder do mal foi devorado no redemoinho de vida que existe em Deus.

Há uma íntima relação entre o mistério de Deus Trindade e o mistério da Cruz-Ressurreição. Na verdade, é o mesmo e único mistério, sob formas diferentes. A cruz de Cristo é a forma humana e histórica da vida intratrinitária; a cruz é expressão máxima do agir amoroso de Deus. A vida trinitária, na intimidade das três pessoas divinas, é o conteúdo da cruz; o amor de Deus Trindade é a fonte que garante a vitória do bem sobre o mal, da vida sobre a morte.[21] De fato, o crucificado ressuscita. A vítima vence no poder do amor o seu próprio agressor. Deus assegura que a última palavra não é a do algoz, mas a da vítima, que, ao ter a vida em si e ao dá-la em favor de todos, vence o poder do mal. De agora em diante, viveremos desta luminosa verdade: nenhum mal, por mais perverso que seja, conseguirá jamais superar o poder de Deus que se manifestou na fraqueza de seu Filho encarnado. Nem, portanto, o mal moral, por mais agressivo e destruidor, consegue dominar a graça primordial da criação. É o que a teologia cristã chama de obra redentora do Filho feito homem. Em tudo

---

[19] FORTE, *A Trindade como história,* cit., pp. 92-136.
[20] FORTE, Bruno. *Jesus de Nazaré*; história de Deus, Deus da história. Ensaio de uma cristologia como história. São Paulo, Paulus, 1985. pp. 285-287.
[21] Id., ibid., p. 289: "A cruz é a revelação *sub contrário* do ser trinitário de Deus: isso significa que entre Deus em si e Deus revelado na humilhação e ignomínia da cruz, entre a Trindade transcendente e a Trindade imanente na história da paixão, há uma identidade na contradição, relação que será manifestada plenamente na Páscoa. Ver também: MOLTMANN, Jürgen. *Il Dio crocifisso.* Brescia, Queriniana, 1973. p. 287: "O conteúdo da doutrina trinitária é a cruz real de Cristo. A forma do Crucificado é a Trindade", citado em: FORTE, *A Trindade como história,* cit., p. 38.

isso resplandece a graça de Deus. Estamos, com efeito, sob o domínio libertador do bem.

A insistência no poder do mal, sem a respectiva insistência ainda maior no poder do bem, levou muitos cristãos a viverem de modo dualista sua fé,[22] dividindo o mundo, as pessoas e as coisas em duas realidades: bem e mal, como se fossem realidades opostas. Essa prática esqueceu que o mal só é possível por causa do bem. Esse é o chamado dualismo ontológico, que divide em bom e mau o próprio ser (*óntos*) criado, esquecendo a insistência bíblica sobre a bondade radical da criação: Deus criou bem todas as coisas e, por isso, tudo o que criou é bom (Gn 1,4.10.12.18.21.25.31). Do ponto de vista da fé cristã, tudo é bom, porque tudo é proveniente do amor transbordante da vida íntima de Deus Trindade, o único Deus Criador.

Mas não se pode esquecer também de que, do ponto de vista da atividade humana, é possível, sim, a escolha entre bem e mal. Temos, então, o dualismo ético. No uso de sua liberdade, o ser humano pode optar entre o bem e o mal, pode produzir ações (*éthos*) boas ou más. O ser humano pode, sim, fazer o mal. Mas todo mal, todo tipo de mal, deve ser entendido dentro da ordem do bem. Está envolvido pela força primordial do bem. Daí o ditado popular: "Não há mal que para bem não venha". Daí a revelação bíblica: tudo, também o mal, "tudo contribui para o bem daqueles que amam a Deus, daqueles que são chamados segundo o seu desígnio" (Rm 8,28).

## 5. A DESTINAÇÃO GLORIOSA

Assim concluímos que, pela criação divina, o mundo todo e, nele, o ser humano, são ordenados para Deus, para o amor a Deus. Como o ser humano, nele e por ele, também as criaturas todas são orientadas para Deus e esperam ansiosas pela libertação, salvação, justificação do ser humano, a fim de que também elas possam gozar da transfiguração definitiva (Rm 8,21). Em tudo resplandecem a beleza e o amor de Deus Trindade. Mas, pela prática humana, é possível haver, como de fato há, desvios nessa ordenação única. Desvios estes que podem até se tornar rejeições plenas e definitivas do amor de Deus. É o paradoxo da relação entre o amor de Deus e o mal moral.

É em dependência dessa concepção sobre a origem e a estrutura fundamental do ser humano que se situa a escatologia.[23] Tal origem, tal

---

[22] García Rubio, op. cit., pp. 75-88.
[23] Ver, desta mesma coleção, o livro sobre antropologia e escatologia: Vilhena, M. Angela & Blank, Renold. *Esperança além da esperança*. São Paulo/Valencia, Paulinas/Siquem, 2003; cf. tb.: Susin, Luiz Carlos. *Assim na terra como no céu*; brevilóquio sobre escatologia e criação. Petrópolis, Vozes, 1995.

destino. Ao debruçar-se sobre o destino do ser humano, a escatologia o concebe como definitivo, realizado em sua perfeição e plenitude. Assim, pois, se existe só uma orientação, querida por Deus, para o mundo e o ser humano, não se pode falar de dualismo escatológico.[24] Uma só é a vontade de Deus: a nossa felicidade eterna. "A vontade de Deus é a vossa santificação" (1Ts 4,3: TEB). "Ele quer que todos sejam salvos e cheguem ao conhecimento da verdade" (1Tm 2,4) e participem de sua vida no céu. "Tende coragem! — disse Jesus. Eu (já) venci o mundo" (Jo 16,33).

No que depende, pois, de Deus Trindade, de Deus Criador de tudo, uma só é a vocação humana: amar a Deus. Um só é o destino do ser humano e do mundo: a transfiguração final da criação, a glória do céu. Tendo em conta, porém, a possibilidade de o ser humano optar livremente pela rejeição a Deus e a seu amor, permanecerá sempre, como efeito do dualismo ético, a possibilidade do inferno como escolha única e definitiva por parte do ser humano.[25] Ao afirmar o inferno como possibilidade, a fé cristã nunca o afirma, porém, como realidade. O céu, sim, é afirmado como realidade. Com efeito, a Igreja declara solenemente, nas beatificações e canonizações, ter certeza de que esta e aquela pessoas estão no céu, na convivência feliz com a Santíssima Trindade, com Maria e com todos os santos e santas. Mas nunca afirmou, nem poderá afirmar jamais, que haja alguém no inferno, que esta ou aquela pessoa esteja no inferno.

Por paradoxal que pareça, a afirmação da possibilidade do inferno é necessária como sinal do amor de Deus, que ama o ser humano até o fim, em todas as suas opções. Há que notar, porém, que a opção de alguém pelo inferno — coisa que fazemos nesta terra, em nossas opções contínuas pelo mal — só se tornará definitiva depois de esgotadas todas as expressões do amor e das luzes de Deus. Desse modo, se algum ser humano, colocado diante de um amor tão misericordioso e de uma luz tão iluminadora, rejeitar o amor de Deus, essa rejeição será marcada pela total e explícita soberba humana. É preciso ter em conta, portanto, que esse tipo de escolha é feito de modo exclusivamente pessoal. Ninguém escolhe o inferno com os outros e para os outros, mas somente por si e para si. Ninguém leva outros ao inferno. Se alguém fizer a opção definitiva pelo

---

[24] BINGEMER, Maria Clara. Inferno e céu: possibilidade e promessa. In: LIBANIO, João Batista & BINGEMER, Maria Clara. *Escatologia cristã*. Petrópolis, Vozes, 1985, pp. 246-286: "Jesus não é um pregador do inferno. Seu anúncio do reino é de salvação e não de condenação. Não fornece base para um dualismo escatológico" (p. 256).

[25] Sobre o inferno, ver: SEGUNDO, Juan Luis. *O inferno como absoluto menos*; um diálogo com Karl Rahner. São Paulo, Paulinas, 1998; BOLLINI, Cláudio. *Céu e inferno. O que significam hoje?* São Paulo, Paulinas, 1996; BLANK, Renold. *Escatologia da pessoa*; vida, morte e ressurreição. São Paulo, Paulus, 2000. pp. 243-281; RUIZ DE GOPEGUI, Juan A. Inferno: revelação ou fruto do imaginário coletivo? *Perspectiva teológica* 91 (2001), pp. 363-390.

inferno, essa decisão será conhecida apenas pela própria pessoa e por Deus. Mas, enquanto essa pessoa sofre o distanciamento do amor divino, Deus não sofre, porque, no mistério do seu amor eterno, ele absorverá toda rejeição a seu amor. Com efeito, podemos afirmar: assim como o amor de Deus tragou e aniquilou o poder do mal no mistério da Páscoa histórica da cruz e ressurreição de Jesus — como vimos —, assim também ele aniquilará no mistério da Páscoa escatológica todo tipo de rejeição a seu amor.

O inferno é uma possibilidade. Conhecer sua realidade ou realização foge, porém, do nosso alcance. O mesmo não se pode dizer do céu. Pois, como o céu é nossa comum vocação e destino, há como que uma conspiração universal que nos conduz para essa nossa realização definitiva, obra exclusiva do amor e da graça de Deus. Entretanto, Deus não quis e não quer agir sozinho, impondo-nos seu projeto. Pelo contrário, ele o partilha conosco e nos chama a assumir, como se fosse nossa, sua obra criadora. Assim, pois, constatamos que o ser humano e o mundo são criados não apenas no bem e marcados pela graça criacional, mas também marcados pela graça escatológica: a glorificação, a plenitude, o céu.

## 6. A VIDA NA GRAÇA: ALIANÇA ENTRE DEUS E O SER HUMANO

Do início ao fim, da criação à escatologia, o ser humano e o mundo vivem envolvidos, penetrados, embebidos pela graça, pela presença, pela vida, pelo amor de Deus Trindade.

É em relação a essa concepção de ser humano e de mundo, resumidamente apresentada pela Antropologia e pela escatologia, que a teologia da graça vê o ser humano em sua caminhada, como *Homo viator*, peregrino, caminhante, no diálogo amoroso com o Deus de sua salvação; vê o mundo como obra da bondade radical de Deus, destinado à glorificação final. Neste livro, em que pretendemos tratar do ser humano em sua relação com a graça salvífica de Deus Trindade, não podemos nos esquecer nem da origem nem do destino humanos. Uma origem ao mesmo tempo determinada pela graça, pelo dom da vida e da liberdade; e pela desgraça, pela rejeição do amor. Um destino orientado para a plenitude da vida em Deus e com Deus, com a possibilidade de o ser humano, na individualidade de sua liberdade, poder abortá-lo. Sempre, porém, por mais mal que haja, por maior que seja o mal, do início ao fim estamos profundamente marcados, estruturalmente selados com a graça do amor de Deus Trindade.[26]

---

[26] Torres Queiruga, *Recuperar a salvação*, cit. Na introdução, o autor manifesta sua intenção de "mostrar que, se de alguma maneira Deus se apresenta ao cristão, é como amor sem medida; se o cristianismo busca alguma coisa, esta consiste em tornar mais leve para a humanidade o peso da existência" (p. 15).

É no campo da teologia da graça que se move este livro. Tendo refletido, em obra anterior desta mesma coleção, sobre o conteúdo da fé cristã em Deus Trindade,[27] queremos agora refletir sobre o amor de Deus Trindade experimentado no caminho de nossa salvação. Queremos explicitar o amor de Deus Trindade pelo ser humano em todas as dimensões de sua vida.

Como se pode concluir das reflexões anteriores, analisaremos a relação entre o amor de Deus e a liberdade humana, a vitória do bem sobre o mal, a obra de nossa santificação, a presença da graça de Deus em todas as dimensões da atividade humana, a importância da obra humana no projeto salvífico de Deus.

## CONCLUSÃO

Neste capítulo, que serve de introdução para todo o livro, vimos que o ser humano, em todos os instantes de sua existência, está marcado pela graça de Deus. Ele é criado por Deus para viver a comunhão com o próprio Deus, com os outros seres humanos e com toda a obra da criação. Por isso, tanto o ser humano quanto o mundo estão marcados, desde o princípio e para sempre, pela bondade radical, pela graça criacional. Ninguém conseguirá jamais destruir essa obra magnífica de Deus.

No entanto, este mundo e esta humanidade, ainda que criados na graça da bondade radical do amor de Deus, estão manchados pela força do mal. Vimos que o mal se manifesta no mundo, no coração e nas relações humanas de duas maneiras: como mal criacional e como mal moral. O mal criacional é da ordem da própria natureza da criatura. Diz respeito às carências, debilidades, limites propriamente naturais. Se não fosse o mal histórico do pecado humano, os males criacionais poderiam ser vividos com serenidade, sofridos como condição da caminhada humana rumo ao aperfeiçoamento do coração humano e do mundo inteiro, na maturidade de Cristo e na recapitulação de todas as coisas em Deus.

O mal histórico, fruto do pecado humano, é da ordem da ação violenta, agressiva e destruidora da liberdade humana. Em vez de viver sua liberdade na obediência ao seu criador, o ser humano preferiu viver de modo egoísta e imediatista, estabelecendo assim situações e relações desumanas.

Tanto o mal criacional quanto o mal histórico, no entanto, são superados em Cristo. Pois a graça de Deus não é de modo nenhum diminuída e afetada, nem com as carências e limites do mundo nem mesmo com as maldades humanas. Ao contrário, se Deus se deixa afetar, é no sentido de

---

[27] BINGEMER & FELLER, op. cit.

intensificar seu amor e sua graça junto dos seres humanos, a fim de que busquem sempre sua face misericordiosa, se convertam e sejam salvos.

Por fim, vimos que o destino do ser humano e do mundo inteiro está orientado para a comunhão com Deus e para a glória do céu. Na caminhada, da origem ao destino, cabe ao ser humano usar de sua liberdade para aperfeiçoar-se cada vez mais no amor de Deus, tendo diante de si como modelo e caminho o ser humano verdadeiro, aquele que nunca se deixou dominar pelo pecado e que, portanto, nunca se desumanizou.

A teologia da graça que propomos neste livro quer resgatar a dimensão trinitária, cristológica e pneumatológica da relação entre Deus e o ser humano. Terá em conta a virada antropológica promovida pela teologia no último século. Levará em consideração o ser humano nas suas mais variadas dimensões: social e política, ecológica e religiosa, cultural e econômica. Desse modo propõe resgatar, para o âmbito eclesial e para as relações dos cristãos com as pessoas de outras religiões ou sem religião, a experiência do assombro e da gratuidade de sermos, desde sempre e para sempre, marcados pela graça de Deus.

---

**Perguntas para reflexão e partilha:**

1. De que modo é refletida e vivida por você e sua comunidade a relação entre graça e pecado, entre bem e mal? Prevalece mais a perspectiva otimista ou a pessimista, a unitária ou a dualista?

2. Você percebe que a origem e o destino de sua pessoa e do mundo inteiro estão marcados pela graça de Deus? De que modo e em que situações você experimenta essas percepções?

3. O que você e sua comunidade de fé poderiam fazer para que a ação evangelizadora da Igreja em nosso tempo insistisse mais nas atitudes tipicamente cristãs, como: "viver na graça de Deus", "experimentar o amor de Deus", "contar com a presença de Deus"?

---

**Bibliografia**

BINGEMER, M. C. & FELLER, V. G. *Deus Trindade: a vida no coração do mundo*. São Paulo/Valencia, Paulinas/Siquem, 2003.

BOFF, L. *A graça libertadora no mundo*. Petrópolis, Vozes, 1985.

FELLER, V. G. Deus Pai e o sofrimento do mundo. *Encontros teológicos* 26 (1999), pp. 15-34.

FORTE, B. *A Trindade como história*; ensaio sobre o Deus cristão. São Paulo, Paulus, 1987.

GARCÍA RUBIO, A. *Unidade na pluralidade*; o ser humano à luz da fé e da reflexão cristãs. São Paulo, Paulus, 1989.

GOZELLINO, G. *Vocazione e destino dell'uomo in Cristo*. Torino, Elle Di Ci, 1985.

LIBANIO, J. B. & BINGEMER, M. C. *escatologia cristã*. Petrópolis, Vozes, 1985.

MOLTMANN, J. *Trindade e Reino de Deus*. Petrópolis, Vozes, 2000.

MUÑOZ, R. *O Deus dos cristãos*. Petrópolis, Vozes, 1987.

SOBRINO, J. *Jesus, o libertador*; a história de Jesus de Nazaré. Petrópolis, Vozes, 1994.

TORRES QUEIRUGA, A. *Recuperar a salvação*; por uma interpretação libertadora da experiência cristã. São Paulo, Paulus, 1999.

―――――. *A revelação de Deus na realização humana*. São Paulo, Paulus, 1995.

Capítulo segundo

# NECESSIDADE E BUSCA DE ALGO/ALGUÉM MAIS

A história da humanidade, mormente no Hemisfério Ocidental, foi grandemente influenciada pela perspectiva humanista e, de certo modo, antropocêntrica, do cristianismo: a concepção do ser humano como imagem de Deus; o valor da pessoa humana, de sua dignidade e liberdade; a responsabilidade pela construção da história; a aproximação entre o divino e o humano. No entanto, a partir do século XVI teve início uma cisão entre o cristianismo e o mundo moderno. Enquanto este foi afirmando de modo cada vez mais exacerbado a primazia do humano sobre o divino, a fé cristã, pelas manifestações do magistério e da teologia, permaneceu fixa em interpretações dogmáticas e jurídicas que não respondiam mais ao anseio dos novos tempos por uma religião de face mais humana. Foi-se criando, assim, o que hoje se chama de cultura moderna, a qual, se de um lado está fundamentada na cultura medieval cristã, de outro procura dela afastar-se cada vez mais, afirmando-se como algo totalmente novo na história da civilização humana.[1]

Cria-se uma distância entre o anúncio da graça feito pelo cristianismo e a exaltação da razão e da liberdade, central na cultura moderna. Enquanto o cristianismo deve afirmar-se, sob pena de esfacelamento e desintegração de seu conteúdo mais fundamental, como religião da graça, isto é, religião em que o ser humano deve reconhecer-se carente e necessitado da presença e do auxílio divinos, a modernidade, por sua vez, tende a

---

[1] Touraine, Alain. *Crítica da modernidade*. Petrópolis, Vozes, 1994; Azevedo, Marcelo. *Entroncamentos e entrechoques*; vivendo a fé num mundo plural. São Paulo, Loyola, 1991; Geffré, Claude & Jossua, Jean-Pierre (orgs.). *A modernidade em discussão*. Concilium 244. Petrópolis, Vozes, 1992; Teixeira, Luiz Faustino Couto. *CEBs, cidadania e modernidade*; uma análise crítica. São Paulo, Paulus, 1993; Castiñeira, Ángel. *A experiência de Deus na pós-modernidade*. Petrópolis, Vozes, 1997; Lyon, David. *Pós-modernidade*. São Paulo, Paulus, 1998; Lima Vaz, Henrique Cláudio de. Religião e modernidade filosófica. In: Bingemer, Maria Clara (org.). *O impacto da modernidade sobre a religião*. São Paulo, Loyola, 1992. pp. 83-132; Rossi, Luiz A. S. *Messianismo e modernidade*; repensando o messianismo a partir das vítimas. São Paulo, Paulus, 2002.

consolidar-se cada vez mais como cultura secularista, para a qual Deus é supérfluo.

De nossa parte, entendemos que se criam graves distorções e contradições profundas quando há radicalização e exacerbação de um dos pólos em detrimento do outro. Enquanto o cristianismo é impensável sem o discurso e a prática da liberdade, a modernidade torna-se desumana sem a experiência da gratuidade. Na reflexão que segue, veremos como o binômio graça-liberdade tem de ser pensado não sob a forma de mútua exclusão ou oposição, mas sob a forma de inclusão. Veremos também como o tratamento desse binômio poderá ser paradigmático para a reflexão sobre muitos outros, como, por exemplo, Evangelho-cultura, fé-razão e cristianismo-modernidade, que ocupam o *quefazer* teológico dos tempos atuais. A reflexão sobre esses outros binômios, por sua vez, nos ajudará a pensar de modo mais adequado a relação entre graça e liberdade.

Na primeira seção deste capítulo refletiremos sobre os diversos humanismos presentes em nossa sociedade. Servindo-nos da reflexão sobre o binômio graça-liberdade, procuraremos relacionar cristianismo e modernidade, na perspectiva de encontrarmos um equilíbrio entre ambos. Defendemos que, de acordo com a teologia da graça, é necessário evitar uma relação de exclusão ou oposição entre cristianismo e modernidade, entre fé e razão, entre Evangelho e cultura. Uma relação de inclusão entre esses dois pólos que compõem a dinâmica da civilização ocidental terá como efeito o enriquecimento mútuo, tanto do cristianismo como da modernidade.

Embora reconheçamos que cabe ao cristianismo a iniciativa do diálogo com a modernidade, e que esta, em princípio, pode desenvolver-se sem aquele, na verdade, na linha da prática, a modernidade tem muito a receber do cristianismo. Como religião que se fundamenta numa relação equilibrada entre a graça da fé e a liberdade humana, o cristianismo tem muito a contribuir para a modernidade. A busca ansiosa da modernidade em crise por algo que traga felicidade ao ser humano ganhou ultimamente um caráter transcendente: a busca do sagrado, o retorno ao religioso. Percebe-se no mundo a busca e a necessidade de algo mais[2] que a simples luz da razão, que o domínio da força, que o avanço da ciência e da técnica. Há no mundo a busca e a necessidade de alguém mais. A fé cristã, por sua doutrina e teologia da graça, tem muito a contribuir para responder a essa busca, para satisfazer essa necessidade.

As grandes orientações culturais da modernidade se deixaram marcar pelo espírito do egoísmo, da eficácia, do cientificismo. Com isso, influenciaram negativamente as relações pessoais e as instituições e estruturas sociais. O egoísmo desumaniza o ser humano, agride suas intenções mais

---

[2] GRINGS, Dadeus. *A força de Deus na fraqueza do homem*. Porto Alegre, EST/Sulina, 1975.

profundas, liberando impulsos que geram atitudes e atividades que destroem a vida das pessoas e dos outros seres vivos, que esgarçam as relações sociais e, enfim, que marcam a sociedade moderna como sociedade de exclusão e cultura de morte. Essas orientações culturais da modernidade, no entanto, têm origem no desejo do coração humano e na razão pensante e, em termos cristãos, encontram fundamento no Evangelho de Jesus Cristo. Bem trabalhadas, evitando radicalismos e exacerbações, elas podem conduzir o ser humano à felicidade que ele tanto busca nesta terra. Em termos teológicos, são expressão da graça divina.

Ainda na primeira seção, num segundo momento, faremos uma resenha de atitudes e atividades que continuam ainda hoje a expressar, na prática, as orientações de duas grandes heresias a respeito da doutrina da graça. De um lado, o pelagianismo, que exalta a liberdade, diminuindo a importância da graça, faz-se presente em muitas expressões religiosas atuais, seja no âmbito mais estreito do cristianismo, seja nos ambientes mais amplos da busca do sagrado. Do outro lado, o jansenismo, com sua posição rigorista, também persiste em muitos ambientes religiosos. A teologia cristã da graça, em seu justo equilíbrio entre graça divina e liberdade humana, tem muito a dizer diante dessas posturas que se caracterizam, no fundo, como desumanas.

Na segunda seção deste capítulo, será exposto o núcleo humanista do cristianismo. Entendemos que o cristianismo é o mais perfeito humanismo. Explanaremos, primeiramente, as contribuições que o cristianismo oferece para a solução dos graves problemas do nosso tempo. Em seguida, veremos que nos grandes momentos de sua teologia houve sempre a preocupação de afirmar a liberdade humana em viradas antropológicas que, embora parciais, marcaram a presença cristã no desenvolvimento da civilização ocidental. A grande virada antropológica do século XX, proposta por Karl Rahner e, depois, pelo próprio Concílio Vaticano II, tem marcado a teologia atual da graça e tem colaborado de modo mais equilibrado com a relação cristianismo-modernidade.

Em todo este capítulo perpassa a idéia de que o ser humano é o caminho da Igreja, por ser ele justamente o destinatário da revelação do ser e do agir de Deus.

## 1. OS HUMANISMOS EM SUAS DIVERSAS EXPRESSÕES

O cristianismo, para expressar a inserção da graça de Deus na história e para exaltar seu valor em sua encarnação histórica e em sua realização humana, deve insistir na grandeza da razão e da liberdade humanas. Caso contrário, sem apoio na liberdade humana, a graça se torna imposição e, portanto, deixa de ser graça. Pois "a palavra não é só palavra sobre Deus e sobre o ser humano, é verbo feito homem. Se o humano é iluminado pela palavra, é precisamente porque ela chega a nós por meio da história humana".[3] Poderíamos acrescentar: quando Deus criou o ser humano e, mais ainda, quando o Verbo se fez homem, a graça se fez liberdade. Se o ser humano é iluminado pela graça, é precisamente porque ela, a graça, chega a nós mediante a liberdade humana. Nesse sentido, a modernidade, com seus diversos humanismos, tem muito a contribuir para o cristianismo, pois através dela houve um resgate do sentido e da prática da liberdade como consciência e atividade propriamente humanas.[4]

Como sabemos, a modernidade deseja estabelecer e justificar uma ética digna do ser humano, sem recorrer ao fundamento religioso ou, em termos cristãos, sem recorrer à graça.[5] A modernidade "revelou ao ser humano que a ele cabe realizar sua humanidade, e que ele deve fazê-lo por meio da concepção que faz de si e pelas conseqüências que extrai daí para sua práxis". Ora,

> a idéia da liberdade humana foi bastante promovida pela religião cristã; com a modernidade, a liberdade reconhecida ao ser humano se aprofunda; ela é agora a consciência que tem o ser humano de ser ele mesmo responsável por sua concepção de homem; o homem é confiado ao próprio homem como um ideal a realizar tanto pela própria concepção filosófica do homem como por suas ações.[6]

As relações entre cristianismo e modernidade nem sempre foram muito cordiais. O fechamento da Igreja, dos século XVI ao XIX, provocou um divórcio entre fé e cultura e, em conseqüência, entre o anúncio da graça divina e a afirmação da liberdade humana.[7] A reaproximação entre fé e cultura, entre graça e liberdade, entre salvação evangélica e miséria humana e, no fundo, entre Deus e o ser humano, entre teologia e antropologia, é o desafio da atual obra da evangelização e da reflexão cristãs.[8] Sem isso, o cristianismo perde sentido, pois estaria negando o centro de sua doutrina: a encarnação de Deus em vista da divinização do ser humano. Estes têm sido, com efeito, os objetivos da teologia moderna, como veremos mais adiante: de um lado, resgatar a ótica antropológica da teologia da graça, fundamentando existencial e historicamente a relação Deus-homem; e, do outro, refundar trinitariamente a concepção filosófico-teológica ocidental sobre o ser humano, demonstrando a aliança libertadora que cada uma das pessoas divinas estabeleceu com cada ser humano. É o que pretendemos demonstrar nas reflexões que se seguem.

---

[3] GUTIÉRREZ, Gustavo. *Teologia da libertação*. Petrópolis, Vozes, 1979. p. 157.
[4] VERGOTE, Antoine. *Modernidade e cristianismo*; interrogações e críticas recíprocas. São Paulo, Loyola, 2002. Ver também: TORRES QUEIRUGA, Andrés. *Fim do cristianismo pré-moderno*. São Paulo, Paulus, 2003.
[5] VÉLEZ CORREA, Jaime. *Al encuentro de Dios*; filosofía de la religión. Bogotá, Celam, 1989.
[6] VERGOTE, op. cit., p. 85.
[7] COMBLIN, José. *Um novo amanhecer da Igreja?* Petrópolis, Vozes, 2002. pp. 27-46.
[8] JOÃO PAULO II. *Carta encíclica* Fides et Ratio *sobre as relações entre fé e razão*, nn. 80-99.

É conveniente ressaltar que cabem ao cristianismo, isto é, à Igreja, pelo magistério e, sobretudo, pela teologia, a iniciativa e a manutenção do diálogo com a modernidade. Não se pode esperar, nem muito menos exigir, que a cultura moderna precise da revelação, da fé, da graça, enfim, do cristianismo, para se constituir como tal. Desde o Concílio Vaticano II, através da constituição pastoral *Gaudium et spes* [As alegrias e as esperanças], a Igreja não somente reconhece, mas defende e proclama a autonomia das realidades terrestres (GS 36). Nesse sentido, pode-se concluir que a fé cristã, para poder ser fiel às exigências do Espírito de Deus, que se revela através dos sinais dos tempos, precisa dos valores e das conquistas da cultura moderna. Nos dias de hoje, é impossível pensar o cristianismo sem a modernidade.

Como modo próprio de a civilização ocidental se constituir, a modernidade pertence à esfera dos valores do mundo. Em termos cristãos, diríamos: pertence à esfera da criação. Como tal, tem uma dinâmica própria, dignidade e consistência específicas, que independem do fator religioso. Uma imagem usada por Paulo Suess pode ser útil à nossa reflexão:[9] a fé cristã (ou o Evangelho) pega carona na cultura (ou na modernidade). A fé cristã pode e *deve colaborar* com a cultura moderna, com sugestões de caminhos mais seguros, com chamadas de atenção aos perigos e desvios, com produções espirituais e culturais que dêem sentido e prazer à viagem do ser humano sobre a face da terra. Mas *não lhe cabe ditar* normas de freadas ou acelerações ou paradas nessa viagem. O motorista pode fazer sua viagem sem o caroneiro, mas não o inverso. Assim também a modernidade, ao menos na linha de princípio, pode organizar-se sem o cristianismo, mas não o inverso.[10]

Embora não se possa separar a esfera da criação da esfera da redenção, é importante lembrar que a ordem da criação se desenvolve num dinamismo mais amplo. A ordem da criação contempla e contém a ordem da redenção; o inverso, todavia, não é verdadeiro. Não há redenção fora do mundo. O antigo axioma "fora da Igreja não há salvação" foi interpretado pelo Concílio Vaticano II e pela teologia atual por uma ótica mais ampla: "fora do mundo não há salvação".[11] Com isso, não se afirma que o mundo possa prescindir, sem mais, do Evangelho. O que se afirma é que o

---

[9] SUESS, Paulo. O Evangelho nas culturas: caminho de vida e esperança. *Perspectiva teológica* 67 (1993), pp. 303-321.
[10] Sobre o diálogo da fé cristã com as ciências modernas, no caso, o diálogo da antropologia teológica com a biologia e com a psicologia, ver o exemplo de: TEPE, Valfredo. *Antropologia cristã*; diálogo interdisciplinar. Petrópolis, Vozes, 2003.
[11] TAVERNIER, Johan de. Fora do mundo não há salvação. In: *Concilium* 236. Petrópolis, Vozes, 1991. pp. 10-22. Em perspectiva crítica, ver o número monográfico de *Concilium*, in: MIETH, Dietmar & VIDAL, Marciano (orgs.). Fora do mercado não há salvação? *Concilium* 270. Petrópolis, Vozes, 1997.

Evangelho pertence à ordem da gratuidade, e não à da necessidade e da obrigação. Muito menos pertence o Evangelho à ordem da imposição, como se tentou fazer na segunda parte do segundo milênio. Desse modo, o grito dos pensadores e cientistas dos últimos quatro séculos, em favor da emancipação sociopolítico-ideológica da tutela da Igreja, veio trazer liberdade não somente à cultura moderna, mas também ao próprio Evangelho.

Dizíamos anteriormente que, em princípio, a modernidade não precisa do cristianismo. Isso significaria afirmar, em termos teológicos, que a liberdade não precisa da graça. Faz-se necessária, porém, uma correção. Pois, em termos práticos, não existe modernidade sem cristianismo, como não existe liberdade sem graça. Que o mundo, e bem como a cultura moderna, tenha muito a ganhar da fé cristã, é evidente. Pois a graça da fé cristã não destrói, mas aperfeiçoa a natureza;[12] não diminui, mas consagra a cultura:

> *A graça não vinga sobre a ruína do mundo e do ser humano. Ela supõe o humano e o histórico. [...] Vivendo na graça e da graça, o ser humano eleva e santifica a própria atividade científica e técnica e faz com que elas encontrem e se mantenham em sua destinação autêntica como contribuições para preparar o mundo à sua transfiguração no Reino.*[13]

Igualmente a modernidade, por ter uma relação muito íntima com o cristianismo, tem o que ganhar de sua relação com a fé cristã. Há, de fato, uma certa interdependência entre modernidade e cristianismo, pois a primeira se desenvolveu graças a três fatores: o pensamento racional grego, a civilização jurídico-política romana e a religião cristã.[14]

Por outro lado, por ser da ordem da necessidade e da eficácia racional técnico-econômica, a modernidade corre o risco de descambar para o esquecimento e/ou a destruição dos elementos humanos que pertencem à ordem da gratuidade, como, por exemplo, o amor e o afeto entre as pessoas, a fraternidade universal, a busca da paz, o encanto pela beleza da natureza, as celebrações por meio de ritos e símbolos etc. O neoliberalismo excludente, os desastres ecológicos, a ameaça da guerra nuclear, as desigualdades sociais, o abismo cada vez mais profundo entre ricos e pobres são, entre outros, sinais da desgraça que se instala no coração humano e na organização social, quando a eficácia se impõe sobre a

---

[12] Tomás de Aquino. *Suma teológica*. Parte I. q. 1. a. 8. sol. 2: "Como a graça não suprime a natureza mas a aperfeiçoa, convém que a razão natural sirva à fé, assim como a inclinação natural da vontade obedece à caridade" (Edição brasileira coordenada por C. J. Pinto de Oliveira. São Paulo, Loyola, 2001. p. 150). Ver tb. Parte I. q. 2. a. 2. sol. 1: "A fé pressupõe o conhecimento natural, como a graça pressupõe a natureza, e a perfeição o que é perfectível" (loc. cit., p. 165). Ver ainda: Rodrigues, Afonso. *Psicologia da graça*. São Paulo, Loyola, 1995.
[13] Boff, Leonardo. *A graça libertadora no mundo*. Petrópolis, Vozes, 1985. pp. 84-85.
[14] Vergote, op. cit., p. 11.

gratuidade, quando se deixa de lado a dimensão da gratuidade, ou seja, da graça.[15]

A modernidade, para enaltecer o ser humano, sua razão e sua liberdade, encontraria na doutrina cristã muitos e bons argumentos, filosóficos e existenciais, que lhe seriam muito úteis. Sem esses argumentos, além de enfraquecer-se como cultura, a modernidade tem provocado uma série de ondas desumanizantes, que se originam precisamente da exacerbação da razão e da liberdade[16] e, portanto, na ausência do equilíbrio que vem da tensão entre graça divina e liberdade humana. A modernidade, em seu viés cientificista, tem negado Deus com insistência, primeiramente como hipótese desnecessária para a filosofia e a ciência, depois como supérfluo para as tomadas de decisão e as escolhas comportamentais. Contudo, sem Deus, dizia Paulo VI, todo pretenso humanismo degenera em anti-humanismo. "O homem pode organizar a terra sem Deus, mas — citando Henri de Lubac — 'sem Deus, só a pode organizar contra o homem; humanismo exclusivo é humanismo desumano'."[17]

Diferentemente do cristianismo, que postula a relação Deus-homem como fundamental para a realização de cada ser humano e da humanidade em geral, a cultura moderna está pontuada por pensamentos, posturas e tendências que julgam construir o futuro do ser humano sobre as próprias idéias, façanhas e conquistas humanas. Para a fé cristã, a salvação e a felicidade humanas são obras da graça de Deus, em colaboração com nossa liberdade. Para a cultura moderna, a salvação e a felicidade humanas são obras do próprio ser humano, de sua razão e de sua ação. A salvação é auto-salvação. Para a fé cristã, a salvação é dom de Deus e tarefa humana. Para a cultura moderna, não há dom, só tarefa e conquista, trabalho e progresso.[18]

---

[15] Ver, de Gustavo GUTIÉRREZ, *Beber em seu próprio poço* (São Paulo, Loyola, 2000, pp. 113-165), em que o autor traça uma interessante relação entre conversão e solidariedade, gratuidade e eficácia, alegria e sofrimento, infância espiritual e opção pelos pobres. Sobre a racionalidade tecno-econômica da modernidade, ver: VERGOTE, op. cit., pp. 107-122. Como exemplos de reação à racionalidade tecnocrática e impessoal da modernidade, vejam-se os fóruns sociais mundiais, os encontros inter-religiosos, os tratados de paz, os inúmeros congressos sobre educação e saúde populares, os projetos governamentais fome-zero e analfabetismo-zero, as organizações não-governamentais etc.; enfim, propostas e atividades que apontam para um outro modo de organizar o mundo e a sociedade, nas quais esteja mais presente o dinamismo da gratuidade.

[16] Ver JOÃO PAULO II, *Carta encíclica* Fides et Ratio *sobre as relações entre fé e razão*, nn. 86-91, em que se põem em relevo os erros e conseqüentes riscos da atividade filosófica moderna: ecletismo, historicismo, cientificismo, pragmatismo e niilismo.

[17] PAULO VI. *Carta encíclica* Populorum progressio *sobre o desenvolvimento dos povos*, n. 42; DE LUBAC, Henri. *Le drame de l'humanisme athée*. Paris, Spes, 1945. p. 10.

[18] Ver, em Alain CAILLÉ, *Antropologia do dom; o terceiro paradigma* (Vozes, Petrópolis, 2002), interessantes reflexões, em ótica sociológico-antropológica, sobre a obra de Marcel Mauss, que propõe a lógica do dom (dar, receber, retribuir) como contraponto às lógicas individualista ou coletivista da modernidade.

Na cultura moderna, pessoas e grupos julgam ser necessário prescindir de Deus (ou qualquer que seja o nome que se lhe dê) ou até negá-lo, a fim de poder construir um verdadeiro humanismo. Diz-se: o ser humano basta-se a si mesmo; o ser humano é a medida de tudo; o que é impossível ao ser humano é impossível em si; não há mais dogmas. Por isso, as atitudes típicas e desejáveis do ser humano moderno, liberal, são a autonomia e a tolerância. Autonomia quanto ao tempo, tolerância como ausência de radicalismo. Sem se referir diretamente a uma passagem muito conhecida da Escritura (Ecl 3,1-8[19]), Araújo Santos define assim o ser humano moderno: "O liberal sabe que para tudo há o seu tempo. Há o tempo para conservar e o tempo para mudar. O que não é adequadamente conservado deixa um vazio. O que não é oportunamente mudado, causa tensões. O que é prematuramente modificado gera reações".[20]

Como resenha histórica desses diversos humanismos, apresentamos a seguir algumas de suas expressões mais significativas, analisando-as do ponto de vista da teologia da graça.

## 2. ORIENTAÇÕES CULTURAIS DA MODERNIDADE

A doutrina liberal, dos séculos XIX e XX, pode ser assim resumida: a verdade é reduzida à prática, ao que é experimentado; os dogmas são apenas símbolos; para nossos tempos, nos quais impera a razão, eles são inadequados; o ser humano é o critério da verdade; não há distinção entre natureza e graça; a religião deve ser adaptada às necessidades intelectuais, sociais e morais do tempo. Esses ensinamentos foram assumidos, muitas vezes, sem o devido espírito crítico, por pensadores cristãos, na tentativa de conciliar a fé cristã com o pensamento moderno. O modernismo, como foi chamado complexamente esse movimento teológico, "é uma reinterpretação ou acomodação do cristianismo à mentalidade moderna pelo caminho de retoques ou de abandono de posições substanciais".[21] As teses modernistas, seja dos filósofos, seja dos teólogos, foram em diversos momentos condenadas pela Igreja. Tenha-se em mente, sobretudo, a carta encíclica *Quanta cura* [Com quanto cuidado], de 1864, de Pio IX, e o

---

[19] Ver, por exemplo, Ecl 3,1-2: "Tudo tem seu tempo. Há um tempo oportuno para cada coisa debaixo do céu: tempo de nascer e tempo de morrer; tempo de plantar e tempo de arrancar o que se plantou".
[20] ARAÚJO SANTOS, F. de. *A emergência da modernidade*; atitudes, tipos e modelos. Petrópolis, Vozes, 1990. p. 40.
[21] COLLANTES, Justo. *La fe de la Iglesia católica*; las ideas y los hombres en los documentos del Magisterio. Madrid, BAC, 1984. pp. 62-63.

elenco (em latim *Syllabus*) anexo de proposições errôneas,[22] a constituição dogmática *Dei filius* [O Filho de Deus] sobre a fé católica, do Concílio Vaticano I (1869-1870),[23] o decreto *Lamentabili* [Com êxito verdadeiramente lamentável] sobre os erros do reformismo e do modernismo, e a encíclica *Pascendi dominici gregis* [A missão de apascentar o rebanho do Senhor], de 1907, do papa Pio X.[24]

Apesar de terem sido tantas vezes condenadas pelo magistério da Igreja, as teses modernistas continuaram a forjar a cultura moderna. Com suas diversas expressões filosóficas centradas no antropocentrismo radical e exacerbado, o modernismo abriu as portas para o humanismo ateu e deixou marcas expressivas que caracterizam a atual sociedade humana, como grandes orientações culturais dos tempos modernos. Uma relação menos conflitiva entre Igreja e modernidade só se tornou possível com a proposta do Concílio Vaticano II (1962-1965) de abrir suas portas ao mundo e dispor-se ao diálogo com a filosofia e a ciência modernas. De fato, podemos ver que as orientações da modernidade não se contrapõem, *a priori*, às verdades e práticas da fé cristã, a não ser que sejam concebidas e praticadas de modo exacerbado. Nesse caso, levariam à contradição de pretender afirmar o humano, quando, na verdade, favorecem e incentivam atitudes de desumanização sempre crescente. Entre as grandes orientações culturais da modernidade,[25] podem-se citar:

---

[22] DH 2890-2896; 2901-2980; Pio IX, Carta encíclica *Quanta Cura*, que trata da condenação e proscrição dos graves erros do tempo presente, e *Syllabus*, que é um elenco desses erros: panteísmo, naturalismo, racionalismo, indiferentismo, socialismo, comunismo, liberalismo etc. (*Documentos de Gregório XVI e de Pio IX*. Col. Documentos da Igreja 6. São Paulo, Paulus, 1999. pp. 248-275).

[23] DH 3000-3045; Concílio Vaticano I, Constituição dogmática *Dei Filius* sobre a fé católica, que trata da revelação e da fé, e da relação entre razão e fé (*Documentos de Gregório XVI e de Pio IX*. Col. Documentos da Igreja 6, cit., pp. 293-308).

[24] DH 3401-3466; 3475-3500; Sagrada Inquisição Romana e Universal, Decreto *Lamentabili*; Pio X, Carta encíclica *Pascendi Dominici Gregis* sobre as doutrinas modernistas (*Documentos de Pio X e de Bento XV*. Col. Documentos da Igreja 7. São Paulo, Paulus, 2002. pp. 107-174). Ver ainda: Collantes, op. cit., pp. 27-69, que resume os textos do magistério contra o fideísmo de Bautain, o tradicionalismo de Bonnetty, o semi-racionalismo de Hermes, de Günther e de Frohschammer e o racionalismo, comum a muitos filósofos e teólogos do século XIX.

[25] Ver: Gozzellino, Giorgio. *Vocazione e destino dell'uomo in Cristo*; saggio di antropologia teologica fondamentale. Torino, Elle Di Ci, 1985. pp. 18-24; Mondin, Batista. *Antropologia teológica*; história, problemas, perspectivas. São Paulo, Paulus, 1986. pp. 45-71; García Rubio, Alfonso. *Unidade na pluralidade*; o ser humano à luz da fé e da reflexão cristãs. São Paulo, Paulus, 1989. pp. 19-42. Ver: Cambón, Enrique. *Assim na terra como na Trindade*; o que significam as relações trinitárias na vida em sociedade. São Paulo, Cidade Nova, 2000. pp. 67-105, em que os comportamentos sociais típicos de hoje são trabalhados e contrabalançados em ótica trinitária.

**1. *A individualidade*.** Há, no mundo moderno, uma valorização iluminista da dignidade absoluta do ser humano como pessoa livre e autônoma. Historicamente, essa individualidade foi afirmada com acento anticristão e anticlerical por parte da cultura moderna. Houve desconfiança também do lado cristão. Hoje, há menos intolerância de uma e de outra parte.

Na verdade, o cristianismo carrega em seu seio, desde a origem, como verdade básica, a doutrina da dignidade humana. Há que lembrar que a palavra "pessoa", considerada por muitos o vocábulo mais importante da civilização ocidental, nasceu no berço do cristianismo, nas discussões teológicas dos três primeiros séculos, sobre as pessoas divinas.[26] O cristianismo oferece importante contribuição, não somente teológica, mas também filosófica, ao tema da dignidade humana: a origem e o fim de cada ser humano, o relacionamento interpessoal e social, a abertura para o transcendente, o sentido da liberdade etc. Os cristãos tornaram-se arautos da promoção da dignidade humana e defensores dos direitos humanos. No Terceiro Mundo, defendem os direitos universais a partir dos pobres, os mais aviltados.[27] Na teologia da graça, insiste-se que cada pessoa, em sua individualidade, é chamada a ser feliz.

Contudo, quando no mundo de hoje a insistência do primado da pessoa se traduz em anarquia, em posturas contra todo tipo de estrutura e organização social, em práticas individualistas e egoístas, que produzem exclusão e morte, então se torna claro o desacordo entre cristianismo e modernidade.

**2. *A subjetividade*.** Com a modernidade emergiu uma antropologia que exalta a subjetividade, que advoga a capacidade de o ser humano projetar-se (Nietzsche, Sartre), que ensina ao ser humano não ser ele primária ou essencialmente biologia nem socialidade, mas subjetividade, liberdade, capacidade de decisão. O ser humano é subjetividade pura, prescindindo do relacionamento com o ser e o transcendente, com os outros e com o mundo.

É claro que, ao conceber cada ser humano como imagem ou filho/filha de Deus, o cristianismo não rejeita a subjetividade.[28] Hoje, nas comunidades eclesiais, vem-se dando grande valor à prática da acolhida, da valorização de cada pessoa, em seus carismas e carências. Embora, na prática, a teoria encontrasse outra manifestação, a fé cristã sempre exaltou

---

[26] Schütz, Christian & Sarach, Rupert. O homem como pessoa. In: Feiner, Johannes & Loehrer, Magnus. *Mysterium Salutis* II/3. Petrópolis, Vozes, 1972. pp. 74-78.

[27] Aldunate, José (coord.) et alii. *Direitos humanos, direitos dos pobres*. Petrópolis, Vozes, 1991.

[28] CNBB. *Diretrizes gerais da ação pastoral da Igreja no Brasil, 1991-1994* (Doc. 45). São Paulo, Paulinas, 1991. nn. 114-127 e 169-194. As mesmas reflexões sobre individualismo e subjetividade na modernidade e pós-modernidade foram assumidas, de modo resumido, nas Diretrizes dos quadriênios seguintes: 1995-1998 e 1999-2002.

a liberdade como dom fundamental do ser humano e, até mesmo, como característica do cristianismo, pois ela sabe e experimenta que "é para a liberdade que Cristo nos libertou" (Gl 5,1).[29] Em sua prática pastoral e evangelizadora, a Igreja oferece atendimento particular e específico às pessoas, em suas mais diferentes e problemáticas situações. O anúncio da graça do amor de Deus Pai, revelado em Cristo e no Espírito Santo, não pode prescindir da importância da subjetividade. Todavia, o mesmo cristianismo jamais aceitará uma concepção antropológica que veja o ser humano fechado em si mesmo, desligado de Deus e de seus irmãos e irmãs. É constitutivo da fé cristã conceber o ser humano como nó de relações.

A contribuição cristã consiste na afirmação do valor da subjetividade, mas sem radicalismos; na importância da liberdade como característica e dom do cristianismo, mas sem desvios para a libertinagem irresponsável.

3. *A impulsividade*. Como efeito da exaltação da subjetividade, dá-se uma orientação cultural que privilegia a impulsividade em desfavor da racionalidade (Nietzsche, Freud, Marcuse), entendendo-a como primeiro componente da pessoa, que exige não ser reprimida nem coagida, mas satisfeita, para que o ser humano chegue a ser ele mesmo.

Também aqui há uma importante contribuição da fé cristã, nem sempre percebida e reconhecida por seus críticos e nem mesmo por seus fiéis: se fomos criados no bem e para o bem, nosso impulso primordial é para o amor e a comunhão. Não há que se entender imediatamente a impulsividade como fonte de atos imorais, violentos. Na concepção cristã, o primeiro impulso se dá na esfera do bem, na esfera da graça. Antes de Deus-Amor Criador ter proibido ao ser humano comer da árvore do conhecimento, prevenindo-o de que não planejasse se tornar senhor do bem e do mal (Gn 2,17), estimulou-o a experimentar de todas as outras árvores, dizendo: "Podes comer de todas as árvores do jardim" (Gn 2,16), como se dissesse: "Vive, sem vergonha de ser feliz e de cantar a beleza de ser um eterno aprendiz,[30] deixando-te guiar pelos impulsos da vida e da liberdade, dons primeiros da criação".

Entretanto, é claro que também aqui, sendo o cristianismo, como todas as grandes religiões, portador de valores fundamentais para a construção da sociedade, como a moralidade e a ética, não haverá possibilidade de se aceitarem posturas impulsivas que beiram o imediatismo e o egoísmo sem limites, que são, como vimos, as atitudes fontais do pecado e, portanto, da desumanização.

---

[29] Ver: COMBLIN, José. *Vocação para a liberdade*. São Paulo, Paulus, 1998.
[30] O famoso cantor popular brasileiro Gonzaguinha, em belíssima canção, apresenta o sentido da vida: "Viver e não ter a vergonha de ser feliz, cantar e cantar e cantar a beleza de ser um eterno aprendiz".

**4. *A socialidade*.** Desenvolveu-se com a modernidade a dimensão social e estrutural como explicação última da fenomenologia da pessoa e da história humanas. Em oposição ao primado da subjetividade, surgiram o materialismo histórico (Marx, Engels) e outras concepções por demais sociologizantes do relacionamento indivíduo-sociedade, as quais deslocam a responsabilidade das pessoas para a sociedade. Fez-se uma transmigração da raiz do bem e do mal, os quais foram exilados da vontade das pessoas e transferidos para as estruturas sociais e, apontando para o sonho de uma sociedade alternativa, de uma utopia solidária.

Uma análise histórico-dogmática do cristianismo reconhece que há nele, em sua doutrina e em sua práxis, ainda mais em sua reflexão teológica sobre a graça, importantes contribuições para a percepção da dimensão social do ser humano e da história: a concepção do ser humano como ser relacional; o mandamento novo do amor; a promessa de uma nova sociedade, que se estabelecesse como novos céus e nova terra; o chamado ao Reino de Deus etc.

Todavia, é incompatível com o cristianismo a exacerbação das questões e soluções sociais que menosprezem a importância da pessoa como indivíduo. Para o cristianismo, é no coração de cada ser humano, em sua individualidade e interioridade, que estão tanto o dom da liberdade e a responsabilidade de exercê-la na construção da sociedade justa quanto a culpabilidade por não corresponder adequadamente aos grandes ideais sociais.

**5. *A historicidade*.** A civilização moderna dá grande importância à história e à cultura (historicismo idealista ou marxista). No relacionamento entre natureza e cultura, as verdades e valores são concebidos não a partir de princípios éticos absolutos, nem, muito menos, a partir de verdades reveladas. Ao contrário, cai-se no relativismo cultural e histórico. As verdades passam a ser aquelas que são ditadas pela maioria, pelas experiências científicas, pela moda, pelos impulsos da novidade. Tudo passa a ser relativizado, isto é, visto em relação apenas aos interesses de cada indivíduo ou grupo social, situados em determinado contexto histórico e cultural e responsáveis pela construção de sua própria história.

O cristianismo é, por excelência, uma religião histórica. Fundado no tronco do judaísmo, o cristianismo, especialmente em sua doutrina sobre a relação entre a graça divina e a liberdade humana, concebe o ser humano como artífice e forjador de história,[31] chamado desde sua origem a

---

[31] Ver III Conferência Geral do Episcopado Latino-Americano. *A evangelização no presente e no futuro da América Latina. Documento de Puebla*, n. 279: "Para que a América Latina seja capaz de converter suas dores em crescimento para uma sociedade verdadeiramente participativa e fraterna, precisa educar homens capazes de forjar a história segundo a práxis de Jesus". Já no antigo Israel, era comum a idéia de que o ser humano, em parceria com Deus libertador, é responsável pela história, é um ser capaz de decisão e de resposta.

responder à aliança oferecida por Deus e a perceber as ações maravilhosas de Deus no tempo de sua existência. Foi de fato com o judaísmo que o ser humano descobriu a dimensão linear do tempo: a partir do passado, situado no presente, vislumbrando e construindo o futuro.[32]

Mas quando, no mundo moderno, se perde essa grande linha do tempo[33] para fixar-se somente nos impulsos do presente, cai-se no imediatismo de soluções baratas e superficiais, que não tocam a profundidade dos anseios históricos e, portanto, não fazem história, provocando atitudes que freiam e estancam a caminhada histórica, como bem se vê quando somos chamados a listar os grandes desafios de nossa época. Com esse tipo de concepções e atitudes — o relativismo, o imediatismo — o cristianismo não se casa.[34]

6. *A racionalidade*. A civilização moderna põe a razão no centro de tudo. Procura desvencilhar-se do juízo, da censura e da crítica da religião cristã, que determinava a matriz conceitual da cristandade medieval. Para a modernidade, tudo cai sob o campo da observação do cientista, em sua razão instrumental e utilitária: não somente a natureza — como nos primeiros séculos da modernidade, com as contribuições de Galileu e Newton —, mas também a filosofia e a psicologia, a política e a economia, a educação e a organização social.

É claro que, pondo a observação e a experimentação como critérios da verdade, a ciência moderna, em sua racionalidade, inviabiliza o diálogo com a fé. Nela não há lugar para a graça de Deus. Apenas para a ação humana. Fora da ciência, da razão instrumental e técnica e do pragmatismo, estaria o mundo da fábula, do mito, da fantasia, da emoção.

Como sabemos, a exasperação de certos valores da modernidade, todos eles concentrados na pretensão da objetividade da razão, pôs em xeque a civilização moderna. Fala-se em superação e ocaso da civilização ocidental, mas as opiniões não são concordes nesse ponto. "Tudo parece indicar que não estamos entrando num contexto de pós-modernidade, mas gestando uma terceira ilustração (a da razão comunicacional), que se

---

[32] GARCÍA RUBIO, op. cit., pp. 108-114.
[33] Ver: FELLER, Vitor Galdino. Igreja e teologia no novo milênio. *Encontros teológicos* 30 (2001), pp. 55-70: "O receio que as novas gerações têm em assumir sua liberdade com responsabilidade e disciplina, a dificuldade para analisar seu presente à luz do passado e em vista do futuro, e a fuga para o presente *sem crises* estão na contramão desse grande ganho de nossa civilização. Cabe à teologia do novo milênio resgatar a concepção linear do tempo, a responsabilidade pela história, a relação intrínseca entre passado, presente e futuro" (p. 66).
[34] Ver: CONGREGAÇÃO PARA A DOUTRINA DA FÉ. *Instrução* Libertatis conscientia *sobre a liberdade cristã e a libertação*, nn. 5-19, uma visão crítica sobre as conquistas e as ameaças do processo moderno de libertação.

soma à primeira ilustração (a da razão subjetiva) e à segunda ilustração (a da razão prática)."[35]

A modernidade forjou valores que continuam válidos para qualquer projeto alternativo que surgir no futuro: emancipação, liberdade, democracia, igualdade. São valores que, desde que não exacerbados, precisam ser assimilados pela prática cristã e pela organização eclesial. Na teologia da graça, não se nega a legitimidade desses valores. São profundamente humanos, e, por isso, evangélicos. A fé cristã, na vivência prática que elabora a relação entre graça divina e liberdade humana, deve ser sempre pensada, deve passar pelo crivo da razão. Nem a graça da revelação e da salvação oferecida por Deus nem a fé que o ser humano deposita na Palavra divina são irracionais. Por mais que tenha havido tensões na relação entre fé e racionalidade, entre graça e razão instrumental e técnica, entre o dom da graça de Deus e a exigência de valorização dos talentos humanos, não se pode esquecer de que o ser humano, destinatário do amor de Deus, é um ser racional.

O cristianismo do novo milênio não poderá negar os valores da modernidade. A razão humana, em quaisquer das facetas que foram ressaltadas nos últimos séculos — subjetiva, prática ou comunicacional —, tem muito a contribuir para que o anúncio da ação salvadora de Deus não seja feito em detrimento da realidade humana, mas em vista de seu crescimento e plenitude.

## 3. PERSISTÊNCIAS MODERNAS DE HERESIAS ANTIGAS

A história da doutrina da graça está marcada, como veremos mais adiante, por polêmicas intensas, quase sempre atravessadas pelo conflito entre a insistência sobre a graça e a exacerbação sobre a liberdade. Dois importantes movimentos teológicos que agitaram a história do cristianismo e que foram formalmente condenados pelo magistério são símbolos da tensão entre graça e liberdade, entre fé e cultura. Apesar de condenados em seu devido tempo, continuam a influenciar o comportamento de cristãos que, irrefletida ou indiferentemente, não percebem a gravidade de suas opções, correndo assim o risco de perderem a fé ou, pelo menos, de viverem-na superficialmente, sem experimentar a alegria de crer, a beleza da graça e o desafio da liberdade. Esses desvios teórico-práticos estão presentes não somente na sociedade da cultura moderna, mas também no ambiente religioso-eclesial, em que chegam até a caracterizar muitas das expressões e atividades que se pretendem místicas, pastorais, evangelizadoras.

---

[35] BRIGHENTI, Agenor. *A Igreja do futuro e o futuro da Igreja*. São Paulo, Paulus, 2001. p. 6.

### 3.1. O pelagianismo[36]

O ensinamento de Pelágio (360-420), monge bretão radicado em Roma, tinha como ponto de partida a premissa: "quem quiser pode evitar o pecado". Tenta, assim, restaurar um cristianismo mais sério, a partir do esforço e da vontade de cada um. Entende que o ser humano pode chegar sozinho à santidade. A vontade humana é todo-poderosa. A primeira, única e maior graça é a liberdade dada por Deus ao ser humano no ato da criação. Com ela, o ser humano pode tudo e de tudo é capaz. O pecado de Adão foi apenas um mau exemplo e não chegou a manchar nossa liberdade. A obra de Cristo é algo puramente exterior, ou seja, apenas um exemplo que, bem imitado, nos ajuda a viver melhor. O ser humano é senhor de si. A oração de petição deve ser rejeitada, pois leva ao laxismo.[37]

Como se vê, Pelágio apóia-se, assim, no esforço pessoal, num otimismo exagerado, num forte voluntarismo, na exacerbação da liberdade. Acaba negando a necessidade da graça, esvaziando a noção de pecado original e negando a necessidade do batismo. A eleição e a predestinação tornam-se conseqüência de nossos méritos pessoais. Nega-se a sobrenaturalidade da graça, subtraindo-se ao cristianismo sua realidade fundamental: o dom gratuito da salvação em Cristo e por Cristo. Reduz-se o cristianismo a um puro humanismo, sem Cristo e, portanto, sem Deus. Refutadas por Agostinho e condenadas no Concílio de Cartago (418), as teses pelagianas continuaram, porém, marcando presença na vida da Igreja e de seus fiéis.

Hoje, o pelagianismo pode ser detectado nos seguintes grandes veios:

#### a) O pastoralismo

Dentro da Igreja, a vida da graça, da oração, da mística cede espaço à organização e ao planejamento, à metodologia e ao sucesso, à eficácia e à ação. Quanto das reuniões pastorais é gasto com preocupações humanas, mediações, tarefas, desafios, urgências! Tem-se a impressão de que a salvação das pessoas e do mundo depende de nós. Carregamos a salvação do mundo às costas! Enchemos nossa agenda de compromissos. Buscamos sucesso e visibilidade. Assumimos o jogo do mercado: vendemos os bens sagrados, buscamos fama e marcamos posição. Há décadas, o ativismo vem-se firmando entre nós. É criticado por todos e em toda parte, mas continua invicto em seu poder de aliciar padres, agentes de pastoral, lideranças. Em vez de confiar na graça de Deus, confia-se na empresa humana.

A própria Igreja é tentada, muitas vezes, a ceder à ética do desempenho, da satisfação, do controle midiático.[38] No lugar da vocação à

---

[36] Ver, no Capítulo IV deste livro, a polêmica entre Pelágio e santo Agostinho.
[37] BAUMGARTNER, Ch. *La gracia de Cristo*. Barcelona, Herder, 1982. pp. 103-105.
[38] LIBANIO, João Batista. *Eu creio, nós cremos*; tratado da fé. São Paulo, Loyola, 2000. pp. 47-49.

santidade e da vida na graça, busca-se o poder e o privilégio. A insistência do Concílio Vaticano II sobre nossa vocação básica — a santidade[39] — continua sem uma resposta hegemônica e uníssona, prática e convincente. Os apelos de João Paulo II para o início do novo milênio se concentram no chamado fundamental à santidade: sejamos santos![40] Embora falando sobre outro assunto — a questão da possibilidade do sacerdócio de mulheres —, o cardeal Martini, de Milão, chama a atenção dos que pretendem ocupar na Igreja o lugar de seu Senhor e torná-la uma organização simplesmente humana: "A Igreja não satisfaz expectativas, celebra mistérios".[41]

## b) O individualismo

O pelagianismo é ainda mais evidente e agressivo quando se trata de relações interpessoais e sociais. As pessoas são hoje educadas a enunciar quase que somente o pronome pessoal *eu*. Os verbos poder, saber, mandar, comprar, decidir, fazer, ser... são conjugados na primeira pessoa do singular. Impera o individualismo em todas as relações. Cada um se acha senhor de sua própria vida. Valores afetivos, conjugais, familiares, comunitários, sociais etc. são deixados de lado, em vista da construção do próprio eu.[42] Cada qual busca seu sucesso, até mesmo fazendo dos outros um trampolim para sua própria ascensão. A felicidade ao alcance da mão e a todo custo! A felicidade encontra-se na auto-ajuda, no *self-development*, no controle mental, no pensamento positivo. As pessoas são incentivadas, de maneira enganosa, a acreditar que tudo podem, tudo sabem, tudo conseguem.

Muito próximo do egoísmo está, por isso, o imediatismo: "eu quero, e já, agora". Egoísmo e imediatismo estão na base do pecado original de Adão e Eva e de nossos pecados atuais.[43] Ao chamado de Deus para a felicidade, como dom divino a ser alcançado em comunhão e na relação com o próprio Deus, com os outros seres humanos e, mesmo, com todos os seres vivos e após longo processo histórico de aprendizagem e amadurecimento, o ser humano responde: "eu!", "já!" Em vez da relacionalidade, o egoísmo; no lugar da historicidade, o imediatismo. Como relacionalidade e historicidade são dimensões básicas da estrutura humana, agindo contra elas o ser humano se perde, se desfigura, se desumaniza.

---

[39] CONCÍLIO VATICANO II. *Constituição dogmática* Lumen gentium *sobre a Igreja*. cap. V: A vocação universal à santidade, nn. 39-42.

[40] JOÃO PAULO II. *Carta apostólica* Novo millennio ineuente *sobre o início do novo milênio*, nn. 30-31.

[41] ECO, Umberto & MARTINI, Carlo Maria. *Em que crêem os que não crêem?* Rio de Janeiro/São Paulo, Record, 1999. p. 57.

[42] LIBANIO, João Batista. *Teologia da revelação a partir da modernidade*. São Paulo, Loyola, 1992. pp. 130-137.

[43] FELLER, Vitor Galdino. Deus Pai e o sofrimento do mundo. *Encontros teológicos* 26 (1999), pp. 15-34, aqui: 21.

## c) O espiritismo

Forte expressão do pelagianismo, que consegue casar religião e cultura, é o espiritismo.[44] Sua principal marca é, com efeito, a doutrina de que o espírito humano deve submeter-se a constantes reencarnações até conseguir, por seus próprios méritos, a salvação. Por meio de purificações pessoais, sofrimentos e práticas de caridade, a pessoa vai-se salvando. Nele não há lugar para a graça de Deus. Somente para a razão humana. Tendo-se desenvolvido no século XIX, ao mesmo tempo em que crescia o positivismo, o espiritismo é uma religião da razão. Foi o que notou o historiador das religiões Mircea Eliade: "Observei há muito tempo que o espiritismo é a compensação 'espiritual' que se concede ao positivismo".[45] A salvação é auto-salvação. Embora se digam cristãos, sejam batizados e freqüentem diversos sacramentos na Igreja Católica, os fiéis seguidores dessa doutrina negam a graça do perdão divino, da salvação em Cristo, da necessidade da comunhão eclesial.

Segundo essa doutrina, não é Deus quem me perdoa para que eu possa alcançar o céu; ou eu o conquisto por merecimento pessoal, ou voltarei para conquistá-lo em outra vida. Não é Cristo quem me salva por sua encarnação, morte e ressurreição; ele é apenas um exemplo, um ser iluminado, um espírito de luz, que serve de exemplo para minhas obras de caridade. Não é na Igreja, como comunidade da salvação, que me salvo; cada um deve cuidar de sua própria salvação. Até mesmo a liberdade humana é apresentada na forma de um simulacro: o ser humano deve alcançar a salvação, mas sua liberdade está presa na forma de um destino, num eterno retorno, dominado por forças estranhas, de vidas anteriores ou seres extraterrestres.

## d) O mercantilismo religioso

A exacerbação do pelagianismo ocorre quando até mesmo o sagrado passa a ser produto de compra e venda.[46] Deus deixa de ser alguém, uma

---

[44] SASAKI, Ricardo. *O outro lado do espiritualismo moderno*; para compreender a Nova Era. Petrópolis, Vozes, 1995. pp. 57-92; KLOPPENBURG, Boaventura. *Espiritismo*; orientação para os católicos. São Paulo, Loyola, 1986. pp. 26-34.

[45] ELIADE, Mircea. *Fragmentos de un diario*. Madrid, Espasa-Calpe, s.d. p. 242, apud KUJAWSKI, Gilberto de Mello. *O sagrado existe*. São Paulo, Ática, 1994. p. 21.

[46] Ver: HOUTART, François. *Mercado e religião*. São Paulo, Cortez, 2003; SILVEIRA CAMPOS, Leonildo. *Teatro, templo e mercado*; organização e marketing de um empreendimento neopentecostal. Petrópolis/São Paulo/ São Bernardo do Campo, Vozes/Simpósio/Umesp, 1997; ZINBARG, Edward D. *Fé, moral e dinheiro*; o que dizem as várias religiões sobre ética no mercado. Apelação (Portugal), Paulus, 2002; LIMA, Luis Correa. Teologia de mercado: uma visão da economia mundial no tempo em que os economistas eram teólogos. *Perspectiva teológica* 34, pp. 105-118; BENEDETTI, Luiz Roberto. Religião: crer ou consumir. *Vida pastoral* 213 (São Paulo, 2000), pp. 2-6; BLANK, Renold. O sagrado e os mecanismos do mercado neoliberal. *Vida pastoral* 212 (São Paulo, 2000), pp. 9-15.

pessoa, um tu que provoca o ser humano a uma relação de amor, e torna-se objeto de consumo. A ânsia religiosa dos tempos atuais não é, com efeito, reconhecimento de que sem Deus é impossível viver, como se poderia esperar. Ao contrário, é o afã prometéico de quem, não tendo como negar a evidência da íntima insatisfação na busca pelo transcendente, tenta ludibriar essa busca e canalizá-la para interesses pessoais, imediatos e mesquinhos.

Evitando o compromisso sério da relação, que exige amor e fidelidade, em vez de Deus, fica-se com fetiches e talismãs. As coisas e as mediações de Deus no lugar do próprio Deus (cf. Rm 1,22-23). As coisas criadas valem mais do que o Criador. É o grande pecado da idolatria. Sempre denunciada pelos evangélicos como prática dos católicos em sua religiosidade popular, a idolatria é, na verdade, uma tentação de todos: ter Deus à mão, por meio do controle de coisas que se consideram sagradas. Não se trata mais de viver a religião como temor a Deus, com a consciência de que a ele devemos obediência e adoração. A religião atual "não é tanto servir a Deus quanto servir-se de Deus; ela se transforma num lugar de solução de problemas, de cura dos nossos males, de consolo ou compensação; predomina fortemente o utilitarismo, enquanto o sentido das exigências de Deus e da busca da verdade se ofuscam".[47] No mercantilismo religioso, não há lugar para a graça de Deus, mas para os interesses humanos. A salvação não vem de Deus, como graça de sua bondade, mas da manipulação de bens sagrados, sejam eles a própria Bíblia, o próprio nome de Deus, sacramentos, devoções, ritos etc., como garantia de pertença ao grupo dos salvos, freqüentemente em atitude hostil contra pessoas de outra Igreja ou religião.

### e) A idolatria do mercado

O mercantilismo religioso, presente nas comunidades cristãs, nada mais é do que a faceta religiosa da idolatria do mercado,[48] do neoliberalismo excludente, em que o Deus da vida foi substituído pelo dinheiro, poder, prestígio, moda, prazer do sexo, drogas. São novos deuses a mover nossos desejos, comportamentos e ideais. Por esses deuses, quanta gente mata e se mata! Deuses que têm seus sacerdotes nos banqueiros e

---

[47] ANTONIAZZI, Alberto. O sagrado e as religiões no limiar do terceiro milênio. In: CALIMAN, Cleto (org.). *A sedução do sagrado*; o fenômeno religioso na virada do milênio. Petrópolis, Vozes, 1998. p. 16.

[48] Sobre a idolatria do mercado, ver as significativas reflexões feitas por Hugo Assmann, Franz Hinkelammert, Júlio de Santa Ana, Enrique Dussel, Pablo Richard e Jung Mo Sung. Ver, por exemplo, ASSMANN, Hugo & HINKELAMMERT, Franz. *Idolatria do mercado*; ensaio sobre economia e teologia. São Paulo, Vozes, 1989; MO SUNG, Jung. Idolatria; uma chave de leitura da economia contemporânea? In: COSTA BRITO, Ênio J. & GORGULHO, Gilberto (orgs.). *Religião ano 2000*. São Paulo, PUC-SP/ Loyola. pp. 109-129.

financistas, seus templos nas bolsas de valores, *shoppings* e bancos, suas vítimas nas muitas pessoas mortas no altar dos acidentes de trânsito, das doenças crônicas, das novas doenças, do estresse, da violência urbana, da crescente exclusão social. Buscam-se a felicidade, a salvação a todo custo, na relação com esses deuses. Encontram-se maldade, injustiça e morte.

*f) A ética civil*

Muito comum em nosso tempo é a proposição da ética como alternativa à religião. O documento de Santo Domingo denuncia a pretensão moderna de construir a nova sociedade e a nova humanidade pela revolução dos costumes, pelo consenso da maioria, pelo exercício democrático, embora demorado, da liberdade, pela criação de uma ética comum, chamada de "ética civil ou cidadã", ou pela observação de uma moral de situação (DSD 236).[49] Certamente, o apelo à graça de Deus não constitui parte integrante do dinamismo pregado pela mentalidade moderna, pelas elites intelectuais, pelos meios de comunicação, pelo projeto neoliberal, pela cultura hedonista e materialista. Trata-se de uma orientação que provém de um humanismo fechado e de uma forma de viver que busca seu fundamento último nas possibilidades do ser humano.

A visão secular do ser humano, por desligá-lo de Jesus Cristo, seu mistério mais profundo, apresenta-o como indivíduo isolado de relações, autônomo em sua relação com Deus, usurpador em sua relação com a sociedade e a natureza. O cristianismo nos ensina, ao contrário, que somente na relacionalidade, na comunhão e na liberdade é que o ser humano se realiza. Só na vida e na liberdade de Cristo é possível romper a estreiteza do secularismo e devolver ao ser humano a verdade e a dignidade de filho ou filha de Deus. Em meio à permanente crise social, o cristão saberá dar respostas às perguntas sobre o sentido da vida e da relação pessoal com Deus.

Por isso, o anúncio de Jesus Cristo, Senhor e Salvador, ser humano por excelência, modelo de humanidade e modelo da humanidade, deve chegar também aos que vivem sem Deus e indiferentes à questão religiosa. O ser humano novo, livre e realizado, não poderá ser ateu, secularista, permissivista, hedonista. Diante do Filho humanado, nem o secularismo nem o indiferentismo podem vangloriar-se de oferecer a verdadeira imagem do ser humano (DSD 153-154). Julgando a religião como atitude anti-humana e alienante, guiando-se pelo pelagianismo moderno da exacerbação da razão e da liberdade individual, deixando-se conduzir pela idolatria do ter,

---

[49] FELLER, Vitor Galdino. A antropologia cristã no Documento de Santo Domingo. *Encontros teológicos* 14 (1993), pp. 28-32.

do poder e do prazer, os seres humanos de hoje, na verdade, entram pelo caminho da desumanização, reduzindo-se apenas ao valor material, biológico, temporal, egoístico. O anúncio cristão propõe que, sem Jesus Cristo, não haverá libertação do ser humano, não haverá libertação dos pobres, não haverá edificação da nova sociedade.

Outras expressões, que também encontram em sua origem sementes do pelagianismo, foram lembradas no documento de Puebla como "teorias ou ideologias [que] introduzem em nosso continente novos enfoques sobre o ser humano, os quais parcializam ou deformam aspectos de sua visão integral ou a ela se fecham" (n. 307): determinismo mágico, psicologismo pansexualista, consumismo materialista, estatismo, cientificismo tecnicista e tecnocrático.[50] Essas ideologias deformam a visão integral sobre o ser humano, tendo em vista que negam a origem e o fim da salvação na graça de Deus, apresentando como soluções para os problemas humanos apenas caminhos humanos, freqüentemente marcados pelo pecado e, portanto, desumanos e desumanizantes.

### 3.2. O jansenismo[51]

Se o pelagianismo é otimista demais com relação à liberdade humana a ponto de negar a graça de Deus, o jansenismo faz o contrário: nega a liberdade humana. Na França e na Holanda dos séculos XVII e XVIII, Cornélio Jansen (ou Jansênio: 1585-1636), em seu livro *Augustinus*, interpretando erroneamente o grande estudioso e doutor da graça santo Agostinho, ensina que o ser humano não tem liberdade. Como se vê, ao contrário de Pelágio, Jansênio é pessimista com relação às capacidades humanas. Não tendo liberdade, o ser humano age necessariamente conduzido: ou ao pecado, pela concupiscência; ou ao bem, pela graça. Deus dá sua graça aos predestinados, e os demais se condenam. Alguns preceitos de Deus, nem os justos podem cumpri-los.[52]

Seu erro básico, segundo a doutrina cristã e católica, está em não equilibrar devidamente a relação entre graça divina e liberdade humana. Cai num rigorismo prático. Os sacramentos tornam-se mais prêmios pela virtude do que alimento para a vida cristã. Condenadas pelo papa Inocêncio X, na bula *Cum occasione impressionis*, de 1653, as teses jansenistas continuaram, não obstante, a ser seguidas no mundo cristão.

Hoje, o jansenismo pode ser detectado em dois grandes veios:

---

[50] III CONFERÊNCIA GERAL DO EPISCOPADO LATINO-AMERICANO. *A evangelização no presente e no futuro da América Latina. Documento de Puebla*, 1979. nn. 307-315.
[51] Ver no Capítulo IV deste livro, a doutrina do jansenismo.
[52] COLLANTES, op. cit., pp. 596-606.

*a) O rigorismo*

Na contramão da mentalidade liberal e da prática relaxada e permissiva dos tempos atuais, há muitos cristãos que vivem sua fé com base em um extremo rigorismo. Balizam suas ações e opções pela ordem da lei e dos mandamentos. Temem o risco da liberdade. Amargam a vida, reclamando das mudanças promovidas pela Igreja em sua liturgia e em seu modo de se relacionar com o mundo. Sentem saudade dos tempos em que havia ordem, segurança, definição. Situam-se numa posição dualista, maniqueísta, achando-se portadores e praticantes da verdade, julgando os diferentes como pecadores e perdidos.

Embora haja exemplos mais clássicos, como os movimentos tradicionalistas e integristas, vale trazer como exemplo concreto dessa expressão as atitudes autoritárias e centralizadoras de muitos padres e bispos. Temem que experiências diferentes, de partilha e participação, possam lhes fugir ao controle. Como se sabe, boa parcela do novo clero é marcada pelo retorno a devocionismos de tendência mágico-fundamentalista e pela busca de poder, *status* e segurança em atitudes autoritárias.[53] A salvação para essas pessoas está no rigor da lei, da ordem. Falta-lhes a experiência da graça e da beleza da vida, em sua multiplicidade e diferenciação de valores e idéias e de caminhos de acesso a Deus.

A vida cristã torna-se a monotonia da tristeza, sem graça, sem felicidade:

> O discurso clerical neojansenista concentrou a atenção do povo na paixão e morte de Jesus, uma história de um dia na vida de um homem que viveu cerca de trinta e três anos e marcou a história de muitas pessoas. Ao redor do crucificado, os pecados, os demônios e os horrores do inferno circulam em textos e gravuras, a fim de criar medo do severíssimo juiz — Deus —, condicionar arrependimento e, como o catecismo repetiu, criar o ambiente para dizer os pecados ao padre.[54]

*b) A satanização da vida*

Em algumas das atuais expressões neopentecostais insiste-se na presença e atuação de Satanás. Valoriza-se a prática de exorcismos. Entende-se que o mundo e a vida estão possuídos pelo poder do mal, que Satanás está agindo com muita liberdade, impedindo que o ser humano possa abrir-se com liberdade à ação da graça de Deus. A Satanás cabe a culpa dos pecados e vícios das pessoas, por mantê-las atreladas a seu poder. Pessoas que seguem essas idéias e práticas entendem que a vida é marcada por uma luta ingente entre Deus e o diabo. Exorcismos, orações

---

[53] BENEDETTI, Luiz Roberto. O "novo clero": arcaico ou moderno? *Revista eclesiástica brasileira* 233 (1999), pp. 88-126.
[54] LEERS, Bernardino. O triste cristianismo e Jesus de Nazaré. *Revista eclesiástica brasileira* 243 (2001), pp. 586-601, aqui: 591.

de libertação, jejuns são necessários para afastar o espírito maligno.[55] Esquece-se a bondade radical da criação, cai-se num pessimismo criatural, num negativismo que não casa nem se harmoniza com a experiência da graça da salvação em Cristo.

Podemos concluir essa resenha de humanismos atuais dizendo que há uma busca permanente no coração humano por algo mais que responda a todos os anseios e realize os sonhos mais profundos de cada indivíduo e do gênero humano em sua totalidade. Na verdade, há uma busca que nós cristãos reconhecemos ser não apenas por algo mais, mas por alguém mais, um ser transcendente, a quem damos o nome de Deus-Amor, de *Abbá* Pai. Mais que isso, como veremos adiante, mais do que a busca do ser humano na direção de Deus, os cristãos sabem, por experiência própria, que é Deus quem vem ao encontro de cada ser humano e de toda a humanidade, em seu desejo ardente, em sua presença amorosa e em sua graça salvadora.

## 4. O NÚCLEO HUMANISTA DO CRISTIANISMO

Com base na fé em Deus Trindade, que, como Pai, criou boas todas as coisas, como Filho, se encarnou nesse mundo por ele criado e, como Espírito, ressuscita continuamente esse mundo e o ressuscitará definitivamente no fim dos tempos, os cristãos se posicionam na história de modo diferente: com a esperança que lhes dá a fé cristã, fundamentada na encarnação de Deus e na ressurreição do Homem-Deus. Os cristãos encontram sua melhor motivação na confiança de que Deus não quer ser conhecido e amado fora do mundo e do coração humano: o próprio Deus Pai criou o mundo e o ser humano; o próprio Deus Filho se encarnou no mundo como ser humano; o próprio Deus Espírito Santo ressuscitará/glorificará o mundo e o ser humano.

Os cristãos não se guiam pelo desânimo e pela tristeza, como se fossem impossibilitados de vencer o mal; como se tivessem de assumir como própria a postura dos que não encontram sentido na vida e se deixam vencer pelo absurdo. Eles vivem possuídos pela graça. Por isso, têm contribuições importantes a oferecer diante dos graves problemas que o mundo enfrenta.

---

[55] Oro, Ivo Pedro. *O outro é o demônio*; uma análise sociológica do fundamentalismo. São Paulo, Paulus, 1996. Cf. também os artigos de: Fernandes, Rubem César. Governo das almas; Mariz, Cecília Loreto. Libertação e ética; Gomes, Wilson. Nem anjos nem demônios. In: Antoniazzi, Antônio et alii. *Nem anjos nem demônios*; interpretações sociológicas do pentecostalismo. Petrópolis, Vozes, 1994. Ver ainda os quatro capítulos sobre Satã e satanização, in: Delumeau, Jean. *História do medo no Ocidente. 1300-1800*. São Paulo, Cia. das Letras, 2001. pp. 239-349.

Desde o Concílio Vaticano II, a Igreja põe-se diante e, principalmente, dentro do mundo. Ela assim o faz como portadora de valores humanos universais, que encontra seja na razão — como acontece com todo o gênero humano —, seja principalmente na fé, que é a sua característica específica. Dessa aliança entre fé e razão, a Igreja extrai suas motivações próprias, a fim de contribuir com suas respostas aos graves desafios morais que o mundo moderno deve reconhecer e enfrentar: a sobrevivência em um mundo permanentemente ameaçado pelas forças da morte; o progresso e o serviço das ciências, que correm o risco de se venderem ao mercado do lucro que gera exclusão; a superação da fome e do subdesenvolvimento; a busca e a celebração do sentido da vida, em meio a tantas expressões da cultura de morte.

Os cristãos agem no mundo com duas grandes forças, com as quais Deus dotou o ser humano: a razão e as mãos. A razão para pensar, estudar e conhecer o mundo (a ciência); as mãos para transformar, modificar e partilhar as coisas do mundo (técnica).[56] Nisso agem como todos os seres humanos, de qualquer condição social e étnica, intelectual e religiosa. Mas com uma diferença: eles crêem na graça de Deus.[57]

É vivendo na graça de Deus que os cristãos são chamados a denunciar a amplitude do mal no mundo, a reafirmar seu empenho moral pela transformação deste mundo, de modo a contribuir para a instauração do Reino de Deus sobre a terra.

A fé cristã, fundamentada numa forte teologia da graça, apresenta uma visão verdadeiramente humanista, para além de qualquer ideologia. Posiciona-se contra o humanismo secularista, que ignora Deus, considerando-o irrelevante para o destino do ser humano, esquecendo-se de que lá onde morre Deus, morre também o ser humano. Rejeita também todo naturalismo, que reduz o ser humano a um elemento da natureza, fragmento do mundo, esquecendo-se de que, se o ser humano é apenas um primata qualificado, sem nenhuma abertura para algo ou alguém mais, ele não pode também pretender nenhuma dignidade a mais que a de um animal.[58]

---

[56] Sobre a experiência da graça no mundo científico e técnico, ver: BOFF, Leonardo. *A graça libertadora no mundo*. Petrópolis, Vozes, 1985. pp. 70-85.

[57] Nisso, os cristãos de hoje não se diferenciam dos cristãos dos primeiros séculos cristãos: Ver *Carta a Diogneto*, n. 5, dos séculos II-III: "Os cristãos, de fato, não se distinguem dos outros homens, nem por sua terra, nem por língua ou costumes. Com efeito, não moram em cidades próprias, nem falam língua estranha, nem têm algum modo especial de viver [...]. Vivem na sua pátria, mas como forasteiros; participam de tudo como cidadãos e suportam tudo como estrangeiros. Toda pátria estrangeira é pátria deles, e cada pátria é estrangeira. Casam-se como todos e geram filhos, mas não abandonam os recém-nascidos. Põem a mesa em comum, mas não o leito; estão na carne, mas não vivem segundo a carne; moram na terra, mas têm sua cidadania no céu" (Col. Patrística 2. São Paulo, Paulus, 1995. pp. 22s).

[58] Ver: BOFF, Leonardo. Constantes antropológicas e revelação. *Revista eclesiástica brasileira* 125 (1972), pp. 26-41.

A fé cristã alarga a consciência do mundo moderno com os fundamentos de sua antropologia teológica, de sua escatologia e de sua teologia da graça, e com a proposição de critérios claros para o posicionamento moral diante dos grandes desafios postos à presença humana no mundo e à sua salvação plena: o estatuto absoluto da ordem ética; a fraternidade entre os seres humanos; a valorização da razão; a civilização do amor; a cultura da vida; a libertação dos pobres; a globalização da solidariedade; a salvaguarda da criação; a proteção da biodiversidade etc.

Tendo em conta essa reflexão histórico-antropológica, podemos concluir reconhecendo que diversos fatores influenciam grandemente a elaboração da atual teologia da graça. Nada do que acontece com o ser humano, tomado individual ou coletivamente, permanece estranho à relação entre Deus e o ser humano. Nada é excluído do processo de salvação humana.

Entre tantas mediações atuais da graça de Deus em favor de nossa salvação, sinais regeneradores que marcam o tempo atual, podemos citar:[59] a luta contra a exclusão social; a globalização da solidariedade; os movimentos pacifistas, feministas, ecológicos; a cosmovisão técnico-científica do mundo; o empenho teológico por uma visão da salvação em sua dimensão plena; uma concepção cada vez mais universalista da salvação; uma teologia do pluralismo religioso, que trabalha com intensidade os valores salvíficos presentes e atuantes em todas as religiões; a superação do dualismo pseudocristão; a experiência da secularidade do mundo e da valorização das realidades terrenas; a historicidade do ser humano; a defesa da sacralidade da pessoa humana; a denúncia de todos os mecanismos de opressão social; a consciência da função crítica da graça no interior da Igreja; a consciência da universalização do problema do sentido.

Em tudo isso está presente e atuante a graça salvífica de Deus. No meio das desgraças humanas, históricas ou naturais, pessoais ou sociais, atua o Espírito divino que recria a terra a toda hora e a todo instante.[60] Não estamos perdidos e desorientados no universo. A graça de Deus invade e perpassa todas as relações humanas. Deus fortalece aquilo que o ser humano faz de bom e debilita o que é feito de mau. Onde parece prevalecer o poder do pecado e da maldade humana, a graça do amor de Deus é sempre maior (Rm 5,20). Nada nem ninguém vence a Deus em generosidade e perdão. É do ser mesmo de Deus amar sempre e até o fim, sem nunca esmorecer.

---

[59] FRANÇA MIRANDA, Mário de. *Libertados para a práxis da justiça*; a teologia da graça no atual contexto latino-americano. São Paulo, Loyola, 1980. pp. 17-21; BOFF, Leonardo. *A graça libertadora no mundo*. Petrópolis, Vozes, 1985. pp. 40-46.
[60] CANTALAMESSA, Raniero. *O canto do Espírito*; meditações sobre o *Veni Creator*. Petrópolis, Vozes, 1998.

## 5. AS GUINADAS ANTROPOLÓGICAS DA TEOLOGIA

Criado gratuitamente como ser relacional, para a comunhão com Deus, com os outros seres humanos, com as outras criaturas e com sua própria consciência e liberdade, o ser humano é profundamente determinado pela graça de Deus. Nele ela está presente, como dinâmica que o impulsiona para a prática livre e gratuita do bem e para a solução de todos os males: é a presença e a vida do próprio Deus em seu íntimo. Por mais pecador que alguém seja, por mais perverso e mau, nunca deixará de ser criatura de Deus, de ser feito para a comunhão com Deus. Jamais alguém conseguirá fazer tanto mal e cometer tanto pecado que chegue a superar o bem maior que é a graça do amor de Deus.

Trata-se de algo que constitui a própria estrutura humana, algo que lhe é natural e íntimo, independentemente de sua vontade e de sua ação. É algo que provém de sua própria condição criatural. Nisso o ser humano, como toda a criação, em seu todo e em cada um de seus elementos, é marcado pela bondade radical, que é um bem de raiz. A palavra da revelação sobre o mistério da criação insiste em manifestar que a criação é boa por excelência: "E Deus viu que era bom" (Gn 1,3.10.12.18.21.25). Sendo obra da liberdade e do amor gratuito de Deus, a criação não poderia não ser boa. Ela reflete a bondade de seu criador. Tanto mais o ser humano, que foi criado à imagem e semelhança de Deus: "Façamos o ser humano à nossa imagem e segundo a nossa semelhança" (Gn 1,26); "E Deus viu tudo quanto havia feito e achou que era *muito* bom" (Gn 1,31).

Criado para a relação com Deus, chamado para a comunhão de eterna felicidade com Deus, o ser humano é alguém "finito capaz do infinito".[61] Nele há um desejo de Deus, um vazio que só será preenchido na relação amorosa com Deus; há uma abertura, uma lacuna, que só em Deus será plenificada. A esse vazio, direcionado para o absoluto, desejoso de ver-se preenchido, o grande teólogo do século XX, o jesuíta alemão Karl Rahner (1904-1984), chamou de "dinamismo existencial sobrenatural".[62] Com uma reflexão que encontrava seu ponto de partida no ser humano e seus problemas, suas angústias e esperanças, Rahner ofereceu à teologia católica e, mesmo, a toda a teologia cristã um novo modo de fazer teologia, de pensar e falar sobre Deus. Promoveu uma "guinada antropológica" nos estudos teológicos.

Com efeito, desde santo Agostinho, santo Tomás de Aquino e o Concílio de Trento, que haviam posto o ser humano como base de questionamento

---

[61] RAHNER, Karl. *Curso fundamental da fé*; introdução ao conceito de cristianismo. São Paulo, Paulinas, 1989. pp. 46: "Ao afirmar a possibilidade de horizonte meramente *finito* de questionamento, essa possibilidade já se vê ultrapassada e o homem se manifesta como ser de horizonte *infinito*" (grifos do texto).
[62] Id., ibid., pp. 31-36 e 157-165.

e desejo para o encontro com Deus e para o pensamento sobre ele, ninguém ousara dar tão significativa guinada. Diferentemente das notas antropológicas anteriores, Rahner promoveu uma verdadeira reviravolta antropocêntrica na teologia. Pois a guinada rahneriana não se deu no âmbito de uma cultura de matriz teocêntrica, como a da Idade Antiga e Média, mas em meio à cultura moderna, já tipicamente antropocêntrica.

Uma primeira grande guinada antropológica fora dada, de fato, como explicitaremos mais adiante, por santo Agostinho (354-430), que enfocou o encontro com Deus transcendente no coração do ser humano.[63] Fundando toda a sua teologia na peculiar concepção paulina da graça da salvação em Cristo, santo Agostinho trouxe para baixo, isto é, para a realidade do ser humano pecador, a pergunta básica: quem é que me salva de meu pecado? Com isso, no entanto, seu giro antropológico ficou carimbado como hamartiocêntrico (do grego *hamartía* = pecado), isto é, centrado no pecado humano. Isso influenciou a teologia posterior, que se deixou marcar por expressões pessimistas, negativas. Nos quinze séculos seguintes, toda vez que se falava do ser humano, logo vinha em mente o pecado humano, ou seja, o ser humano em sua condição de pecador.

Outra importante guinada antropológica foi dada por santo Tomás de Aquino (1224-1274).[64] Em seu titânico esforço de *batizar* Aristóteles, isto é, de trazer para dentro da tradição cristã as reflexões do grande filósofo grego, santo Tomás de Aquino insistiu em que a fé deve estar sempre relacionada com a razão. A fé é, sim, dom de Deus, mas responde sempre a questionamentos humanos. Todas as coisas são passíveis de se tornarem objeto do estudo da teologia, pois tudo provém do único Deus criador. A razão, iluminada pela fé, tem uma palavra sobre todas as coisas. O ser humano, criado com o desejo natural de ver e amar a Deus, é o único responsável pela ciência das coisas do mundo. De todas as ciências, porém, a única que poderá satisfazer plenamente a curiosidade intelectual humana é a teologia, pois é a única que responde à pergunta pelo absoluto.

> O movimento total do pensamento de santo Tomás descreve uma elipse e não um círculo. É uma teologia que é gerada pela conjugação de um duplo foco: a ciência de Deus comunicada pela revelação (teologia) e a ciência do ser humano alcançada pela reflexão autônoma (filosofia). Duplo foco, mas gerando um único movimento ou uma mesma curva [...] A originalidade de santo Tomás consistiu em descobrir que o ponto de vista de Deus e o ponto de vista do ser humano podem realmente conjugar-se para dar origem a uma visão de mundo coerente e harmoniosa.[65]

---

[63] STACCONE, Giuseppe. *Filosofia da religião*; o pensamento do homem ocidental e o problema de Deus. Petrópolis, Vozes, 1989. pp. 38-44. Ver também, no Capítulo IV deste nosso livro, a doutrina da graça de santo Agostinho.

[64] Id., ibid., pp. 61-65. Ainda, no Capítulo IV deste nosso livro, ver a doutrina da graça de santo Tomás de Aquino.

[65] LIMA VAZ, Henrique Cláudio de. *Escritos de filosofia*; problemas de fronteira. São Paulo, Loyola, 1986. p. 32.

Em sua tentativa de reconciliação entre fé e razão, entre o ponto de vista de Deus e o do ser humano, santo Tomás abriu, porém, caminho para que seus seguidores e intérpretes levassem à nefasta divisão entre fé e ciência, fé e razão, fé e liberdade humana.

A declaração de separação ocorreu com Descartes, firmou-se com o Iluminismo e continuou com as diversas expressões da filosofia contemporânea: do humanismo laico ao ateísmo, da crise da metafísica ao pensamento cientificista-materialista.[66] Até mesmo a teologia passou a ter um acento racionalista. Profundas divisões se sucederam: entre Igreja e mundo, entre espiritualidade e teologia. A teologia racionalista marcou, com efeito, toda a segunda metade do segundo milênio. Nesse sentido, foi também uma guinada antropológica, de um lado, em favor do ser humano racional, mas, de outro, em detrimento das dimensões místicas, afetivas, emocionais da vida e da fé humanas. Todas as vezes em que se pensava em ser humano, logo vinha à mente quase tão-só a razão humana, ou seja, o ser humano em sua condição de ser racional.

Grande guinada antropológica também foi dada pelo Concílio de Trento (1545-1563). Em que pese a validade das críticas que lhe são feitas, por sua postura anti-racional e anti-reformista, o concílio tridentino deu, em sua declaração sobre a justificação, grande valor à liberdade humana. Pondo-se na esteira de Paulo e de Agostinho, o Concílio de Trento reagiu à doutrina luterana, que diminuía a importância da liberdade, da responsabilidade e, portanto, também da culpabilidade humana. Ao insistir que o ser humano, em sua liberdade, é capaz de aderir à graça de Deus e com ela colaborar em vista de sua própria salvação, o Concílio reconhece a grandeza da liberdade humana.[67]

Valorizando a liberdade humana no processo de salvação, Trento dignifica a pessoa humana, afirma sua capacidade de interlocutor de Deus e rejeita qualquer visão pessimista sobre o ser humano. Por outro lado, realçando a importância da comunhão eclesial, seja para a interpretação das Escrituras, seja para a prática dos sacramentos da fé, Trento ressalta o sentido da sociabilidade do ser humano, rejeitando já na fonte o individualismo nascente do século XVI. Por isso, é o primeiro concílio que, respondendo a questões modernas postas à concepção cristã sobre o ser humano, dá os fundamentos da antropologia cristã. Há em Trento uma implícita, mas poderosa, dose de valorização do ser humano.

---

[66] STACCONE, op. cit., pp. 70-78.
[67] RUIZ DE LA PEÑA, Juan L. *O dom de Deus*; antropologia teológica. Petrópolis, Vozes, 1997. pp. 262-281. Ver também, no Capítulo IV deste nosso livro, a doutrina da graça do Concílio de Trento.

Portanto, se é verdade que o Concílio insistiu também muito fortemente na realidade do pecado, isto se deve ao seu senso de realismo. Com efeito, é por falta dessa visão realista que o mundo moderno, na esteira do Iluminismo alemão, caiu no fosso do otimismo ingênuo, característico dos humanismos fechados ao transcendente, que negam ao ser humano sua abertura para o infinito e lhe dão, ilusoriamente e sem fundamento na realidade, uma condição de auto-salvação. Por outro lado, faltaram ao Concílio de Trento condições e abertura para o diálogo com expressões diferentes da fé. Por sua reação ao subjetivismo nascente e à ânsia de liberdade das camadas intelectuais, eclesiásticas ou não, o Concílio fechou-se no eclesiástico, no doutrinário, no apologético. Tratou-se de uma guinada antropológica, sim, mas com teor apologético. Desde Trento, quando se mencionava o ser humano, vinha logo à mente o ser humano pecador, ou seja, marcado pelo pecado desde a origem, e, por isso, necessitado da salvação que só a Igreja tem a oferecer. Por isso, o ser humano era também visto como alguém que devia ser fiel praticante das normas e sacramentos da Igreja.

As reviravoltas antropológicas, que sempre deram nova abertura à teologia, mostraram, em tempos diferentes, que o cristianismo tem algo a dizer a respeito do ser humano, de sua origem e de seu fim e, logicamente, de sua postura neste mundo, do modo como pode e deve lutar por sua felicidade. O cristianismo é, sem dúvida, um humanismo, mas com características próprias, que o diferenciam grandemente dos humanismos antigos e modernos.

É claro que essas guinadas antropológicas não produziram os mesmos efeitos que a virada copernicana provocada por Rahner e pela teologia moderna. Os tempos eram outros. A matriz conceitual da reflexão cristã foi, desde a patrística até o século XX, o teocentrismo. Todas as atividades e concepções estavam sob o domínio da visão teocêntrica. A guinada rahneriana deu-se três séculos após o advento da modernidade. Em todas as áreas do saber e em quase todos os campos da atividade humana, já prevalecia o antropocentrismo. Na verdade, a teologia foi a última ciência a tornar-se antropocêntrica.[68] Em ambiente moderno, científico e antropocêntrico, a guinada antropocêntrica atual não produz apenas um *recheio* antropológico, mas caracteriza toda a teologia,[69] a ponto de se poder dizer: "Toda a teologia é antropologia".[70] Mas, do ponto de vista da fé cristã,

---

[68] Feller, Vitor Galdino. Nova Era e fé cristã!? *Revista eclesiástica brasileira* 218 (1995), pp. 338-364 (aqui: 347s).

[69] Mondin, Batista. *Antropologia teológica*; história, problemas, perspectivas. São Paulo, Paulinas, 1986. pp. 29-44.

[70] Rahner, Karl. Antropologia teológica. In: *Sacramentum mundi*. Barcelona, Herder, 1982. v. I, pp. 286-296. "Não há nenhum âmbito de objetos (ao menos desde a encarnação do Logos) que formalmente (e não só indiretamente e por redução) não esteja incluído na antropologia teológica; portanto, a antropologia teológica é também o todo da teologia" (p. 287).

também o inverso se torna real: toda antropologia é teologia. A grande virada antropocêntrica moderna resgata, portanto, a força do mistério da encarnação.[71]

Isso tem efeitos notáveis na teologia da graça. Desde Agostinho, foi a teologia da redenção quem deu as cartas na reflexão teológica sobre a salvação humana. A partir da teologia moderna, com suas reflexões assumidas grandemente pela constituição pastoral *Gaudium et spes* [As alegrias e as esperanças], do Concílio Vaticano II (1962-1965), a teologia da encarnação ganha realce. Uma visão mais otimista a respeito do ser humano e de sua liberdade passa a ter salvo-conduto em toda reflexão e prática cristãs. Trata-se do primeiro efeito do retorno às fontes proposto pelo Concílio. Voltando à Bíblia e à patrística, notavelmente à teologia dos Padres dos três primeiros séculos, descobre-se aí uma perspectiva teológica que não havia sido suficientemente assumida e trabalhada no Ocidente: a encarnação.

Redescobre-se que Deus acredita no ser humano, que é Deus quem vem primeiramente ao nosso encontro, que Deus se faz humano para que nos tornemos divinos, que o cristianismo é a religião da graça e da gratuidade de Deus, que o cristianismo é, no fundo, um humanismo. Na verdade, é o único e verdadeiro humanismo, que à Igreja cabe anunciar ao mundo. Como afirmou João Paulo II, em sua primeira encíclica, sobre Jesus Cristo redentor do ser humano: "O ser humano é a primeira e fundamental via da Igreja".[72]

## CONCLUSÃO

Neste capítulo, estudamos os diversos humanismos presentes em nossa sociedade. Servindo-nos da reflexão sobre o binômio graça-liberdade, relacionamos cristianismo e modernidade, fé e razão, Evangelho e cultura. Percebemos a necessidade de se encontrar um equilíbrio entre esses pólos que marcam a dinâmica da civilização ocidental.

Entre as grandes orientações culturais da modernidade, contemplamos a individualidade, a subjetividade, a impulsividade, a socialidade e a historicidade. Mostramos que, embora tenham origem no coração e na razão do ser humano, que busca ser feliz e realizar-se como pessoa e como sociedade, essas orientações, no entanto, se deixaram marcar pelo espírito do egoísmo, do eficientismo, do cientificismo. Com isso, influenciaram negativamente as relações pessoais e as instituições e estruturas

---

[71] VÁSQUEZ MORO, Ulpiano. Teologia e antropologia: aliança ou conflito? *Perspectiva teológica* 23 (1991), pp. 163-174.
[72] JOÃO PAULO II. *Carta encíclica* Redemptor hominis, n. 14.

sociais, gerando atitudes e posturas que destroem a vida das pessoas e dos outros seres vivos, que esgarçam as relações sociais e, enfim, marcam a sociedade moderna como sociedade de exclusão e cultura de morte. Concluímos que, se essas orientações culturais forem bem trabalhadas, evitando radicalismos e exacerbações, elas podem conduzir o ser humano à felicidade que busca nesta terra. Afinal, elas são, em termos teológicos, expressão da graça divina.

Oferecemos também uma resenha de atitudes e atividades que continuam ainda hoje a expressar, na prática, as orientações de duas grandes heresias da doutrina da graça. De um lado, o pelagianismo, que exalta a liberdade, diminuindo a importância da graça, faz-se presente em muitas expressões religiosas atuais, seja no âmbito mais estreito do cristianismo, seja nos ambientes mais amplos da busca do sagrado. Notamos como o pastoralismo, o individualismo, o espiritismo, o mercantilismo religioso, a idolatria do mercado e a ética civil, por mais que busquem o sagrado e se anunciem como expressões religiosas, são, na verdade, desumanas, por rejeitarem espaço para a dinâmica da gratuidade. De outro lado, o jansenismo, com sua posição rigorista, também persiste em muitos ambientes religiosos. Observamos aí que o rigorismo e a satanização da vida e do mundo são expressões religiosas que não condizem com a fé no Deus que, gratuitamente, nos ama e vem ao nosso encontro. Conclui-se que a teologia cristã da graça, em seu justo equilíbrio entre graça divina e liberdade humana, tem muito a dizer diante dessas posições que também se caracterizam, no fundo, como desumanas.

Por fim, expusemos o núcleo humanista do cristianismo. Entendendo que o cristianismo é profundamente humanista, indicamos as contribuições que ele oferece para a solução dos graves problemas do nosso tempo. Percebemos que a teologia cristã sempre se preocupou em afirmar a liberdade humana. A grande virada antropológica do século XX, além de marcar toda a teologia, tem influenciado principalmente a teologia atual da graça.

Em todo este capítulo, perpassa a idéia de que o ser humano é o caminho da Igreja, por ser ele justamente o destinatário da revelação do ser e do agir de Deus.

> **Perguntas para reflexão e partilha**
>
> 1. Quais as contribuições que a fé cristã, por sua doutrina e teologia da graça, tem a oferecer à sociedade moderna em sua busca de felicidade?
>
> 2. Quais dos humanismos apresentados estão mais presentes em sua vida pessoal e em sua ação pastoral e evangelizadora?
>
> 3. Como esses humanismos poderão ser confrontados com sua vida de fé e com sua prática pastoral?

## Bibliografia

ANTONIAZZI, A. et alii. *Nem anjos nem demônios;* interpretações sociológicas do pentecostalismo. Petrópolis, Vozes, 1994.

ASSMANN, H. & HINKELAMMERT, F. *Idolatria do mercado*; ensaio sobre economia e teologia. São Paulo, Vozes, 1989.

AZEVEDO, M. *Entroncamentos e entrechoques*; vivendo a fé num mundo plural. São Paulo, Loyola, 1991.

BOFF, L. *A graça libertadora no mundo*. Petrópolis, Vozes, 1985.

COLLANTES, J. *La fe de la Iglesia Católica*; las ideas y los hombres en los documentos del Magisterio. Madrid, BAC, 1984.

CONGREGAÇÃO PARA A DOUTRINA DA FÉ. *Instrução* Libertatis conscientia *sobre a liberdade cristã e a libertação*.

FRANÇA MIRANDA, M. *Libertados para a práxis da justiça*; a teologia da graça no atual contexto latino-americano. São Paulo, Loyola, 1980.

GARCÍA RUBIO, A. *Unidade na pluralidade*; o ser humano à luz da fé e da reflexão cristãs. São Paulo, Paulus, 1989.

RAHNER, K. *Curso fundamental da fé*; introdução ao conceito de cristianismo. São Paulo, Paulinas, 1989.

RUIZ DE LA PEÑA, J. L. *O dom de Deus*; antropologia teológica. Petrópolis, Vozes, 1997.

STACCONE, G. *Filosofia da religião*; o pensamento do homem ocidental e o problema de Deus. Petrópolis, Vozes, 1989.

VÉLEZ CORREA, J. *Al encuentro de Dios*; filosofía de la religión. Bogotá, Celam, 1989.

VERGOTE, A. *Modernidade e cristianismo*; interrogações e críticas recíprocas. São Paulo, Loyola, 2002.

Capítulo terceiro

# EXPERIÊNCIA DA GRAÇA NA BÍBLIA

Se buscarmos na Sagrada Escritura um tratado sistematicamente elaborado da teologia da graça, seguramente não o encontraremos. O que a Escritura nos dá é a experiência da graça, vivida e interpretada pelo povo de Israel, pelos discípulos de Jesus Cristo e pelas primeiras comunidades cristãs. Não há nem mesmo um tratado explícito sobre a experiência da graça. Nem se poderia esperar essa explicitação, quando se sabe que a revelação de Deus e de seu plano de salvação se dá na história humana, sem a preocupação de tematização racional. Na Bíblia, interessa mais a relação entre Deus e o ser humano, entre Deus e o povo. Aí, a graça é vivida como experiência pura e simples, nas mais diversas dimensões da vida humana, do social ao pessoal, do político ao religioso. Por isso, o que encontramos na Sagrada Escritura é uma interpretação vital da experiência vivida e refletida da graça de Deus.

A explicitação racional da experiência da graça é obra posterior da teologia, em seus dois mil anos de reflexão.[1] No entanto, é possível constatar, ainda que na forma germinal e em linguagem, se não racional, pelo menos concreta, histórica e experiencial, uma *teologia da graça* em alguns trechos ou autores da Sagrada Escritura.

A intenção deste capítulo é, pois, apresentar o que os Livros Sagrados nos dizem sobre a graça. Após uma introdução sobre o sentido bíblico das palavras *cháris* e *hen*, será feita breve resenha dessa seminal *teologia da graça* do Antigo e do Novo Testamento.

## 1. O SENTIDO BÍBLICO DE "CHÁRIS" E "HEN"

A palavra "graça" é tradução do grego *cháris* (do Novo Testamento), que, por sua vez, traduz o hebraico *hen* (do Antigo Testamento).[2]

---

[1] A explicitação racional e doutrinal sobre a experiência da graça na história do cristianismo será o tema do próximo capítulo.
[2] BAUMGARTNER, Charles. *La gracia de Cristo*. Barcelona, Herder, 1982. pp. 31-35.

Os vocábulos da raiz grega *char* (por exemplo, os substantivos *cháris* e *chárisma*, e os verbos *charízomai* e *charitóo*) indicam o que produz bem-estar.[3] Desse significado fundamental, derivam outros, como: favor, inclinação, complacência, benefício, bondade, prazer, satisfação, serviço, amor, reconhecimento, recompensa, agradecimento, beleza.[4] A isso se juntam as expressões verbais: ser reconhecido ou agradecido, gozar o favor de alguém, render graças, sentir-se em dívida com alguém etc.

O termo grego *cháris* traduz o hebraico *hen*, cuja raiz é o verbo *hanan*, que significa olhar, em atitude de inclinação, olhar para baixo, em atitude de benevolência, como a do pai em relação ao filho, a do senhor em relação ao empregado, a de Deus em relação ao ser humano. "O uso do termo *hen* ilustra o significado histórico-dinâmico de graça: a superação da diferença de poder entre forte e fraco, em virtude seja de uma situação, seja de um princípio, mediante a iniciativa do forte, que age por sua própria e espontânea vontade, mas movido pelo relacionamento e pela súplica do fraco."[5] Alguns exemplos: Jacó diante de Esaú (Gn 32,6), José diante de Putifar e na casa do faraó (Gn 39,4; 50,4), os egípcios diante de José (Gn 47,25), Rute diante de Booz (Rt 2,2.10.13), Ana diante de Eli (1Sm 1,18), Davi diante de Saul e de Jônatas (1Sm 16,22; 20,3), Ester diante do rei (Est 8,5). Essa condescendência é vista como sorte ou como salvação (Ecl 9,11), é desejada (Zc 4,7). Essa benevolêcia em favor do fraco muitas vezes só é explicada como uma intervenção especial de Deus (Gn 39,21; Ex 3,21; 11,3; 12,36).

O vocábulo *hen* indica também a intervenção de Deus, sublinhando a sua condescendência eletiva imerecida. Desse modo, por exemplo, Noé é preservado da destruição (Gn 6,8), e Moisés e Israel são escolhidos gratuitamente (Ex 33,12-13). *Hen* pode significar ainda a ação benévola de Deus que posterga o castigo merecido (2Rs 13,23). Diante dessa benevolência e condescendência de Javé, o israelita em particular e o povo em geral fazem a experiência de que toda vida provém da graça de Deus e de que sempre após o pecado humano segue o perdão divino. Javé demonstra sua benevolência quando concede prosperidade (Gn 33,11), dá filhos (Gn 33,5), aceita sacrifícios (Ml 1,9), livra da desgraça (Sl 4,2; 6,3), liberta dos inimigos (2Rs 13,23; Is 30,18s), se inclina para o homem com misericórdia (Nm 6,24), se aproxima com ternura (Is 14,1; 49,15).[6]

---

[3] Cf: ESSER, H. H. Grazia. In: COENEN, L.; BEYREUTHER, E.; BIETENHARD, H. *Dizionario dei concetti biblici del Nuovo Testamento*. Bologna, EDB, 1976. pp. 824-832, aqui: 824.

[4] Em português, temos diversas palavras originadas desse termo grego: caridade, carinho, carícia, carisma, eucaristia, charme. Todas elas com sentido de benevolência, bondade, gratuidade, favor, atenção, dom, beleza.

[5] ESSER, Grazia, loc. cit., p. 825.

[6] MACKENZIE, John L. Graça. In: *Dicionário bíblico*. São Paulo, Paulus, 1984. pp. 391-394 (aqui: 391s); IMSCHOOT, V. Graça. In: VAN DEN BORN, A. (org.). *Dicionário enciclopédico da Bíblia*. Petrópolis, Vozes, 1971. pp. 649-653 (aqui: 649); ESSER, Grazia, loc. cit., pp. 825-826; SANLÉS OLIVARES, Ricardo. Graça. In: PIKAZA, X. & SILANES, N. (orgs.). *Dicionário teológico o Deus cristão*. São Paulo, Paulus, 1998. pp. 380-390 (aqui: 381).

Nos livros sapienciais, *hen* tem dois sentidos: o encanto da beleza, nos Provérbios (1,9; 3,22), e a benignidade de Deus para com os eleitos na vida futura, em Sabedoria (3,9.14; 4,15; 18,2). A palavra *hen* quase não aparece nos Profetas e nos Salmos, nos quais a benevolência de Deus é designada por outros termos de conteúdo religioso mais rico: *sedeq* e *michpat* (justiça e juízo), *hesed* e *raham* (bondade e ternura), *hesed* e *emet* (bondade e verdade), *emet* e *sedeq* (verdade e fidelidade). No Novo Testamento, esses termos foram traduzidos por *ágape* (em João) e *cháris* (em Paulo).

O termo *cháris* não aparece nos evangelhos de Mateus e de Marcos. Em Lucas, tem o significado de favor de Deus (1,28.30: sobre Maria; 2,40.52: sobre o menino Jesus). No livro dos Atos dos Apóstolos, a palavra *cháris* aparece com bastante freqüência, às vezes associada à *dýnamis* (poder ou força), quase sempre com o acréscimo designativo *de Deus* (6,8; 11,23; 13,43; 14,3.26; 15,11.40; 18,27; 20,24). Significa a obra que Deus vem cumprir no mundo, manifestando sua generosidade e poder. Refere-se ao próprio Evangelho, à nova religião, ao testemunho supremo da liberalidade sem limites de Deus.

Nas cartas de são Paulo e na Carta aos Hebreus, *cháris* tem sentido bastante variado: amabilidade (Col 4,6), reconhecimento (1Cor 10,30), benefício (2Cor 8,1s), carisma (Rm 12,6; Ef 4,7), apostolado (1Cor 3,10). Mas a significação fundamental é o favor gratuito do Pai e de seu Cristo, o amor misericordioso do Pai que em Cristo perdoa o pecador e o cobre de benefícios. *Cháris* é um ato gracioso, não motivado, no sentido de que Deus não age em reação a algum ato nosso, nem espera nada em recompensa. *Cháris* é a fonte da benevolência de Cristo, mediador entre Deus e a humanidade (Rm 5,15), da filiação adotiva (Ef 1,5-7), de nossa ressurreição (Ef 2,4-8), da manifestação do Evangelho (2Tm 1,8-10), da manifestação de Cristo (Tt 2,11). Como expressão do amor misericordioso do Pai, o termo *cháris* aparece no início e no fim das cartas paulinas.

No evangelho de João (1,14-17, recordando Ex 34,6), *cháris* lembra a revelação de Deus, de seu próprio ser e de seu desígnio. O Verbo encarnado é a manifestação do amor de Deus na história.

De modo geral, pode-se dizer que, na Bíblia, graça significa a atitude pessoal de condescendência e benevolência que Deus tem em sua relação com o ser humano. No Novo Testamento, em especial, graça é o favor gratuito e misericordioso de Deus Pai, revelado agora na pessoa e práxis de Jesus, em sua atitude de aproximação gratuita, identificação e solidariedade amorosas para com os pobres, e em sua proposta de perdão e salvação aos pecadores.

Para concluir esta resenha, recordamos o caráter radicalmente pessoal e relacional das palavras *cháris* e *hen*. Em termos teológicos, isso aponta para o caráter teocêntrico, trinitário, cristológico e eclesiológico do termo neotestamentário *cháris* e, sobretudo, da experiência da graça na vida cristã.

## 2. A EXPERIÊNCIA DA GRAÇA NO ANTIGO TESTAMENTO

A síntese-núcleo da experiência da graça no Antigo Testamento se encontra em Ex 34,6-7, em que se narra o encontro entre Javé e Moisés.[7] De um lado, Javé desce na nuvem e permanece com Moisés. De outro, Moisés reconhece a bondade de Javé e exclama: "Ó Senhor, ó Senhor, Deus misericordioso e clemente, paciente, rico em bondade e fiel, que conserva a misericórdia por mil gerações e perdoa culpas, rebeldias e pecados, mas não deixa nada impune". Deus é visto como o libertador e fundador do povo; aquele que estabelece, por pura iniciativa e gratuidade, uma aliança com o povo; que é senhor leal ao pacto feito, independentemente da correspondência do povo; soberano clemente que não se deixa guiar pelas rebeldias de seu parceiro; que não se vinga dos erros e pecados cometidos por seu sócio; que funda sua fidelidade sobre si mesmo, sobre seu próprio ser.

Veremos a experiência da graça no Antigo Testamento em dois momentos, ambos tendo como ponto de partida a experiência humana do encontro com Deus: primeiramente, Deus é percebido como Deus da eleição, da aliança e da libertação; a seguir, como Deus de todo o povo e de cada fiel. Concluiremos o estudo da *teologia da graça* do Antigo Testamento fazendo uma reflexão sobre o modo como a benevolência do Deus de Israel foi/é experimentada pelos cristãos.

### 2.1. Deus da eleição e da aliança

A teologia da graça do Antigo Testamento é percebida na idéia que, ao longo de sua experiência religiosa, Israel se fez de Deus. Com base na experiência e nos conceitos de eleição, aliança e libertação, a idéia que Israel teve de Deus se plasmou em uma série de atributos divinos: Deus como o libertador, o santo, o vivo, o justo, o fiel.[8]

Diferentemente dos povos circunvizinhos e contemporâneos, que criavam imagens de deuses com base na observação e reflexão sobre os fenômenos da natureza e do interior do ser humano, o povo de Israel forjou sua imagem de Deus a partir de uma experiência social e histórica de salvação. Só depois de conhecer o Deus Salvador, presente e atuante na história, é que o povo de Israel chegou ao conhecimento de que esse Deus é também o Deus Criador.[9]

---

[7] HERMANN, I. Graça. In: FRIES, Heinrich (org.). *Dicionário de teologia*; conceitos fundamentais da teologia atual. São Paulo, Loyola, 1983. pp. 254-256.
[8] RUIZ DE LA PEÑA, Juan L. Graça. In: FLORISTÁN SAMANES, Cassiano & TAMAYO-ACOSTA, Juan José. *Dicionário de conceitos fundamentais do cristianismo*. São Paulo, Paulus, 1999. pp. 319-325 (aqui: 319s); MUÑOZ, Ronaldo. *O Deus dos cristãos*. Petrópolis, Vozes, 1987. pp. 160-186; SANLÉS OLIVARES, Graça, loc. cit., p. 381.
[9] Cf. nosso livro anterior: BINGEMER, Maria Clara & FELLER, Vitor Galdino. *Deus Trindade;* a vida no coração do mundo. São Paulo/Valencia, Paulinas/Siquem, 2003, especialmente o capítulo II, pp. 33-63.

Assim é que o povo de Israel faz a experiência do Deus da eleição, da aliança e da libertação. Deus é aquele que escolhe Israel, do meio das nações, como povo de sua particular propriedade, para libertá-lo da escravidão no Egito, para levá-lo à terra da promissão, para acompanhá-lo no decorrer de suas vicissitudes históricas. Trata-se de uma escolha imerecida. Não é por ser um povo numeroso, forte, guerreiro que Israel é escolhido. Talvez, exatamente, pelo contrário. O centro dessa percepção é a palavra de Moisés ao povo:

> Tu és um povo consagrado ao Senhor teu Deus. O Senhor teu Deus te escolheu dentre todos os povos da terra para seu povo particular. O Senhor afeiçoou-se a vós e vos escolheu, não por serdes mais numerosos que os outros povos — na verdade sois o menor de todos —, mas sim porque o Senhor vos amou e quis cumprir o juramento que fez a vossos pais (Dt 7,6-8; cf. 9,4-6; 10,14-15).

Trata-se de uma escolha gratuita com um objetivo também gratuito: a aliança. "Eu vos tomarei como meu povo e serei o vosso Deus" (Ex 6,7; cf. Lv 26,12; Dt 29,12). Com essa aliança, proposta e definida gratuitamente por Javé, numa parceria de evidente desigualdade entre a fidelidade divina e a fraqueza humana, há um efeito imediato de dupla escolha e pertença: Israel passa a ser propriedade de Javé; Javé passa a ser propriedade de Israel, "a minha parte da herança e meu cálice [...], a minha porção" (Sl 16,5). A experiência e o conceito de aliança alcançam seu significado mais profundo em Oséias, que a vive e entende como vínculo matrimonial, como compromisso de auto-entrega livre, amorosa e fiel (Os 2,4-7).

A eleição e a aliança gratuitas se expressam por um ato de libertação, também gratuito. "Assim sabereis que eu sou o Senhor, vosso Deus, que vos liberta dos trabalhos impostos pelos egípcios. Eu vos introduzirei na terra que, com mão levantada, jurei dar a Abraão, a Isaac e a Jacó, e vo-la darei em possessão — eu, o Senhor" (Ex 6,7-8). Deus vê a miséria do povo, ouve seu clamor e o liberta (Ex 3,7-8). Tudo isso acontece não por merecimento do ser humano, mas por pura gratuidade de Javé. Trata-se de um ato de libertação em que se funda toda a experiência de liberdade que o povo de Israel irá fazer pela história afora.

Por meio da eleição, da aliança e da libertação, Israel faz a experiência da relação pessoal que há entre Deus e o ser humano. O Decálogo, por exemplo, que será a contrapartida pedida ao ser humano, não é visto como lei, mas como graça:

> O Decálogo é parte intrínseca da relação pessoal entre Deus e o ser humano, confirmando essa relação e determinando suas condições. Assim, a proclamação das Dez Palavras é um evento profético. Ela revela a presença pessoal de Deus ao ser humano, propõe a aliança de Deus com o ser humano e proclama a soberania de Deus sobre o ser humano. Observar os mandamentos de Deus é uma liturgia à glória de Deus e uma participação nessa glória divina.[10]

---

[10] VERGOTE, Antoine. *Modernidade e cristianismo*; implicações e críticas recíprocas. São Paulo, Loyola, 2002. pp. 76-77.

Obedecer a Javé é viver na sua graça.

Com base nesses atos gratuitos de Deus — eleição, aliança e libertação —, Israel irá conhecer e reconhecer o seu Deus. A gratuidade de Deus é absoluta, não se firma, não se funda em atitudes e qualidades humanas prévias. Ao contrário, o povo de Israel é que deve fundar e firmar toda a sua vida em Deus. A gratuidade de Deus é inalterável:

> *Acaso uma mulher esquece o seu neném, ou o amor ao filho de suas entranhas? Mesmo que alguma se esqueça, eu de ti jamais me esquecerei [...]. Mesmo que as serras mudem de lugar, ou que as montanhas balancem, meu amor para contigo nunca vai mudar, minha aliança perfeita nunca há de vacilar — diz o Senhor, o teu apaixonado (Is 49,15; 54,10; cf. Jr 33,23-26).*

A gratuidade de Deus é, por sua vez, comprometedora: "Sede santos, porque eu, o Senhor vosso Deus, sou santo" (Lv 19,2). Para que o povo se mantenha livre, é preciso ser fiel à aliança com Javé. Mas, ainda quando o povo desobedece Javé e dele se afasta, Deus vem sempre à sua procura. A gratuidade de Deus é santificadora, cancela o pecado, perdoa, chama o povo à retomada da aliança: "Eu sou o Senhor que vos santifica" (Lv 22,32).

Como síntese, pode-se dizer:

> *Sobre o fundo de identidade de Deus, nitidamente desenhada com os traços da escolha gratuita, a aliança irrompível, o amor dedicado e misericordioso, emerge a vocação do ser humano a uma salvação que será puro dom divino e que compreende, de um lado, o completo cancelamento do pecado e, do outro, o estabelecimento de íntima relação interpessoal, tutelada pelo divinos.*[11]

## 2.2. Deus de todo o povo e de cada fiel

A benevolência de Javé é a experiência fundamental de todo israelita. Por essa experiência, cada israelita em particular e o povo em geral se definem como parceiros de Deus. É a partir daí, dessa relação com um Deus benevolente, que cada israelita e todo o povo se sabem livres, responsáveis, conscientes de si, sujeitos e construtores da história. Experimentar a graça divina é, portanto, para o povo de Israel e para cada um de seus membros, testemunhar a atitude de doação pessoal de Deus para com sua gente. Desse modo, cada israelita e todo o Israel podem viver na certeza de um clima de amor e de benevolência da parte de Deus. A promessa feita a Abraão, a escolha de Moisés como líder do povo, a libertação do regime da escravidão e do cativeiro, a companhia ao povo no deserto, o perdão aos pecados e murmurações das pessoas, a oferta de água e alimentos aos famintos..., tudo isso é expressão e demonstração de sua graça, do amor que ele dedica a sua gente.

Esse amor encontra firmeza em si mesmo. A benevolência de Deus não se funda sobre a fidelidade de Israel, sobre a correspondência e obediên-

---

[11] RUIZ DE LA PEÑA, Graça, loc. cit., p. 320.

cia do povo. Deus é fiel por si mesmo, como decorrência e expressão de seu próprio ser. Por pura graça. Por isso, a aliança nunca é posta em discussão. O povo tem a garantia de que Javé não o abandonará. O fiel pode apelar, serena e seguramente, para essa benevolência divina. O que Deus quer é unicamente o bem do ser humano. "A única conseqüência de uma benevolência tão significativa e inequívoca é que Deus tenha como meta libertar definitivamente o ser humano de todas as dificuldades."[12] A graça divina, como atitude de bondade e benevolência de Deus para com o povo em geral e as pessoas em particular, é expressão do próprio ser de Deus. Em Deus se encontra, então, o início e o fim da vida de cada ser humano e de todo a gente. Em Deus se funda e se finda a vida humana. Em Deus se finca e se firma a segurança do povo.[13]

Assim, o povo da Primeira Aliança pôde fazer a experiência de que estava diante de um Deus-Amor. Para o israelita, Deus faz o que é, e Deus é o que faz.[14] No ser e no agir de Deus o israelita constata manifestações de uma mesma realidade: Deus é amor! Em toda a história da revelação, Deus é aquele que diz o que é na ação, no fazer, e em uma ação de liberdade, em uma vontade livre. Deus é aquele que é e que faz. Esse é o significado de seu nome, Javé. É nessa ótica histórico-salvífica que R. Muñoz comenta a revelação do nome de Deus, em Ex 3,14: "Que Deus 'seja' não tem no contexto um sentido abstrato, ontológico, mas o sentido concreto de 'ser para alguém', de 'estar presente': no sentido de estar junto de alguém em atitude de solidariedade ativa, de prontidão atenta para auxiliar".[15]

Reconhecendo Javé como aquele que é e que atua, aquele que se torna presente intervindo no contexto histórico, o povo de Israel não dá ao verbo "ser" o mesmo significado que lhe dá a filosofia helênico-escolástica. Não se faz no Israel antigo uma especulação metafísica sobre a essência divina. Para o israelita, basta saber e experimentar que Deus age, e o faz como único Deus capaz de libertar da escravidão, e que, por isso, se posiciona e toma partido ao lado dos pobres. Basta experimentar a graça de Deus, sua benevolência ativa, sua presença transformadora.

---

[12] HERMANN, Graça, loc. cit., p. 255.
[13] Assim como os termos *fé* e *fidelidade*, alguns verbos da língua portuguesa que iniciam com a letra *f* têm em sua raiz o significado de solidez, e são (ou podem ser) usados para indicar a estabilidade, a segurança, o embasamento e a finalidade da vida de cada ser humano em Deus: fiar/confiar, ficar, fincar, fixar, firmar, fundar, findar, finar...
[14] FELLER, Vitor Galdino. *O Deus da revelação*. São Paulo, Loyola, 1988. pp. 124-126; Id. *A revelação de Deus a partir dos excluídos*. São Paulo, Paulus, 1995.
[15] MUÑOZ, Ronaldo. *O Deus dos cristãos*. Petrópolis, Vozes, 1986. p. 180. O biblista J. Pixley, em *Éxodo. Una lectura evangélica y popular* (México, 1983, pp. 46-50), apresenta do seguinte modo o *ser* de Deus como garantia e eficácia para o seu agir: "Moisés deve compreender que Deus, o Deus dos oprimidos, é uma realidade, e isso há de dar-lhe confiança para empreender sua missão" (aqui: 48).

Lendo os livros da Primeira Aliança à luz da aliança definitiva em Cristo, como faz, por exemplo, o apóstolo Paulo (ver Rm 3,21), encontramos aí diversas concepções da experiência da graça. Elas podem ser apresentadas segundo uma ordem cronológica, em que se percebe uma crescente aproximação de Deus em relação ao coração do ser humano: passa-se do Deus dos líderes e dos profetas ao Deus dos sábios e dos místicos, do Deus do povo ao Deus do fiel, do Deus da sociedade ao Deus da pessoa.

Nesse sentido, podemos resumir as concepções da experiência da graça no Antigo Testamento em cinco aspectos:[16]

- Favor e benevolência de Deus, repetidamente lembrados no Êxodo e nos Profetas, com as virtudes divinas da ternura, bondade, fidelidade, justiça, direito (Ex 34,6-7; Os 2,21-22; Jr 3,19-20; 9,23; 16,5; 31,3; 32,18; 33,11; Ez 16; Is 49,14-15; 54,4-10; 62,4-5).

- Justiça salvadora, dom de uma realidade nova que não existia antes; comunicação da glória de Deus não só aos israelitas, mas a todos os povos, como dom puramente gratuito; dom de Deus que produz atitude de docilidade no ser humano (Is 45,8; 46,13; 51,5; 54,13-14; 59,17; 61,10-11).

- Transformação espiritual dos seres humanos, como regeneração dos corações com a nova aliança, pela lei interior, por obra do Espírito, que é princípio da regeneração espiritual e da nova criação (Jr 31,31.34; 36,25-28).

- Dom da sabedoria, que entra na alma humana como comunicação de Deus mesmo por meio de seus dons, como reflexo de sua beleza, como coesão interna que dá consistência a tudo, como promessa de imortalidade e da vida eterna (Sb 7,22-30; 1,1-15; 2,23; 6,9-21; 9,10-12; 10,6).

- Desejo da presença de Deus e união com ele, mediante o dom da oração, pela recitação dos salmos de louvor, de ação de graças, de súplicas (Sl 33,5.22; 48,10; 98,2-3; 100,5; 103; 113; 117; 118; 135; 138; 145), de arrependimento (Sl 13; 19,13; 25,7; 51,1-6; 12); desejo de amizade divina, desejo obscuro de união definitiva com Deus, na ressurreição da vida eterna (Sl 16; 49; 73).

Em sua experiência do amor e da graça de Deus, Israel percebe que a relação entre Deus e o povo adquire feições cada vez mais pessoais. Passa-se do Deus do povo ao Deus de cada pessoa, numa perspectiva que, mesmo não abandonando sua matriz histórico-social, vai-se configurando cada vez mais de modo pessoal e interior. Assim, se a graça, a

---

[16] BAUMGARTNER, op. cit., pp. 35-41; RUIZ DE LA PEÑA, Juan L. *O dom de Deus*; antropologia teológica. Petrópolis, Vozes, 1997. pp. 188-213.

benevolência e o favor divinos eram primeiramente experimentados como ação de um Deus transcendente que julga a história e liberta o povo, com o passar dos séculos a graça divina é sentida como ação de um Deus próximo que entra, atua e fala no coração humano.

Essa passagem da experiência da graça de Deus, do histórico para o experiencial, do social para o pessoal, do exterior para o interior, do político para o místico, encontrará seu fim e seu ápice no grande evento da encarnação. Aí, em Deus feito ser humano, temos a revelação divina em termos plenos e escatológicos, a ponto de se poder afirmar, com o evangelista João: "De sua plenitude todos nós recebemos, graça por graça" (Jo 1,16).

### 2.3. A experiência cristã do Deus de Israel

Do ponto de vista da história das religiões e, principalmente, do cristianismo, a grande graça do povo de Israel foi a descoberta e a experiência da unidade e unicidade de Deus. O monoteísmo, isto é, o reconhecimento de que Javé é o único Deus e que os deuses estrangeiros nada são e não existem é o ápice da experiência da graça para o israelita e o povo de Israel. Saber-se firmado na segurança de um Deus, ao mesmo tempo terrível, colérico, ciumento e bondoso, justo, fiel, saber-se amparado por um Deus que se desvela em favor dos pequenos,[17] saber-se criado à imagem desse Deus: eis a intuição religiosa dos israelitas. Diante disso, tudo o mais é insignificante. Os deuses estrangeiros são ídolos que não falam, nem ouvem, nem se comunicam. São nada, só aparência. Não existem, e deles é preciso afastar-se (1Cr 16,26; Sl 96,5; 115,4-8; Is 2,18).[18]

Foi, portanto, uma grande graça para os israelitas conseguirem captar a revelação de que Deus é um só. O monoteísmo javista é a característica e o grande salto qualitativo do judaísmo.[19] A história da humanidade e, sobretudo, das outras duas religiões monoteístas — o cristianismo e o islamismo — será sempre devedora desta graça que foi dada aos hebreus: o conhecimento da unicidade e da unidade de Deus Israel foi o primeiro povo a ter a graça da revelação do monoteísmo. Na verdade, o único, uma vez que, depois dele, os que chegaram ao conhecimento de um só Deus passaram pelo caminho por ele aberto.

A esse único Deus, Javé, o Deus libertador, Deus do êxodo e da aliança, Deus do deserto e da lei, Deus dos profetas e dos pobres, Israel descobriu que é preciso amar de todo o coração e com toda a inteligência, dedicando-lhe toda a sua vida pessoal e coletiva (Dt 10,12). Escutar sua

---

[17] Muñoz, op. cit., pp. 160-186.
[18] Cf. nossa descrição das etapas pré-cristãs da descoberta de Deus, in: BINGEMER & FELLER, op. cit., pp. 45-58.
[19] Sobre a passagem do politeísmo para o monoteísmo e suas implicações para o cristianismo moderno, ver: VERGOTE, op. cit., pp. 17-37.

palavra e obedecer à sua vontade é a maior graça, é o caminho da verdadeira vida (Dt 10,13).[20]

A descoberta da unicidade e da unidade de Deus foi a grande experiência de graça, ao mesmo tempo política e mística, do povo de Israel. Política, porque se tratava da graça da relação com o Deus dos chefes, dos libertadores e dos profetas, já que tudo o que diz respeito ao povo — a terra, a lei, a soberania nacional, a justiça social, a igualdade entre as classes — diz respeito à fé nesse Deus, o primeiro libertador, ao qual se tem acesso pela prática sociopolítica. Mística, porque se tratava da graça do encontro com o Deus dos sábios e dos salmistas, já que é impossível entender um membro do povo e o povo como um todo sem referência explícita a Javé, sem ligação afetiva e emotiva com Javé.[21]

O judaísmo se baseia na radicalidade dessa fé. Trata-se do monoteísmo javista, próprio do povo judeu, em que também nós cristãos nos baseamos para fundar nossa fé em um só Deus, Criador e Senhor de todas as coisas. Bom e piedoso judeu, Jesus nos ensinou que o mandamento dos israelitas — o amor a Deus e, correspondentemente, o amor ao próximo — vale também para seus discípulos, é a lei dos seus seguidores (Mt 22,34-40). Todo cristão também é, por isso, um israelita, experimenta a graça de amar e adorar o mesmo Deus de Israel, a quem Jesus chamou de *Abbá*, Pai.

Por causa da radicalidade da fé monoteísta, pensar uma personalidade tríplice em Deus era, para os judeus, algo impossível. Todavia, se Deus é comunhão de três pessoas distintas, como nos foi revelado por Jesus Cristo, deve ter sido assim que ele se revelou também aos israelitas, ainda que sua personalidade tríplice tenha sido percebida muito precária e tenuemente nas diversas etapas da história do povo de Deus e da revelação de Deus ao povo. Hoje, graças à luz da fé monoteísta-trinitária, podemos, a partir da experiência da fé cristã, vislumbrar na revelação ao povo de Israel sinais da manifestação da personalidade tríplice de Deus.

Ao lermos os escritos da Primeira Aliança, permanecem em nossos ouvidos e em nosso coração algumas perguntas que nós, cristãos, poderíamos responder no sentido de uma preparação para a revelação trinitária, de pistas de uma revelação da personalidade tríplice divina.[22] Alguns exemplos, na forma de perguntas, são paradigmáticos, para se perceberem sinais ou vislumbres da revelação tripessoal de Deus já no Antigo Testamento:

---

[20] VERGOTE, Antoine. *Amarás al Señor tu Dios*; la identidad cristiana. Santander, Sal Terrae, 1999; BINGEMER, Maria Clara. Amar a Dios sobre todas las cosas: una invitación a todos. *Sal Terrae* (1998), v. 86/8, n. 1015, pp. 603-614.
[21] Sobre o processo de descoberta de Deus no Antigo Testamento, cf.: VIVES, J. *Si oyerais su voz...*; exploración cristiana del misterio de Dios. Santander, Sal Terrae, 1988. Ver também: VERMEYLEN, J. *El Dios de la promesa y el Dios de la alianza*; el diálogo de las grandes intuiciones teológicas del Antiguo Testamento. Santander, Sal Terrae, 1990.
[22] BOFF, Leonardo. *A Trindade e a sociedade*. Petrópolis, Vozes, 1987. pp. 58-60.

Quem é o *anjo de Javé* (Gn 16,7-12; 31,11-13; Ex 3,2-4; 14,19; 1Rs 19,5-7; 2Rs 1,3s) que acompanha o povo, ajuda os oprimidos, manifesta a sabedoria de Deus, às vezes percebido como distinto, às vezes como idêntico a Deus? Quem são os *três homens/anjos* (Gn 18) que aparecem a Abraão em Mambré, às vezes apresentados no singular, às vezes no plural, às vezes identificados com Javé, às vezes distintos? Quem é a *Sabedoria* (Pr 1,20-33; 8,1–9,6; Jó 28,12-28; Eclo 24; Sb 6,12–8,1), que grita nas praças, com uma existência quase autônoma (em todo caso, diferente) com relação a Javé, co-ajudante na criação do mundo? Quem é a *Palavra* (Sl 119,89; 147,15s; Sb 16,12) que se manifesta em meio aos seres humanos e por meio de quem Deus cria tudo o que existe? Quem é o *Espírito* (sopro, vento) (Is 4,4-6; 42,1-4; 61,1-3; Ez 11,19; 18,31; 36,26-27; 37,1-14), por meio de quem Deus cria o mundo, escolhe os líderes políticos e os profetas; o *Espírito* que se apossará do messias anunciado e renovará os corações humanos e toda a criação?

Mesmo que não possamos responder diretamente, afirmando ser uma ou outra das três pessoas divinas, entendemos que são sinais que apontam para a revelação de uma pluralidade na intimidade do Deus único; de uma presença *outra* dentro ou ao lado da claridade da fé em um só Deus; de uma realidade teológica, portanto, que será o embrião do que futuramente se configurará como a fé em Deus Trindade e como a experiência da graça da vida em Deus-Amor.

A revelação de Deus no Novo Testamento não vai, pois, inventar a partir do vazio, mas vai retomar, seguir e dar conta dessa recapitulação do percurso realizado pelo povo de Israel no Antigo Testamento. Irá também se aproveitar dessas pistas sinalizadas para abrir caminho em vista de uma manifestação plena da comunhão trinitária de Deus e da experiência da graça de Deus Trindade.

## 3. A EXPERIÊNCIA DA GRAÇA NO NOVO TESTAMENTO

No Novo Testamento, a experiência da graça vem apresentada sempre em relação à manifestação definitiva de Deus em Cristo e no seu Espírito. Só no evento Cristo é que será possível descobrir "a largura, o comprimento, a altura, a profundidade" da graça de Deus por nós (Ef 3,18).

Como no Antigo, tampouco no Novo Testamento há uma teologia da graça racionalmente elaborada. O que temos aí é uma reflexão germinal sobre a experiência que os autores sagrados e as comunidades cristãs fizeram da graça, da misericórdia, da justiça de Deus Pai, em sua autocomunicação no Filho e no Espírito. Em linhas gerais, essa teologia neotestamentária da graça pode ser assim sintetizada:[23]

---

[23] Para todo este item, ver: BAUMGARTNER, op. cit., pp. 41-63.

## 3.1. Nos evangelhos sinóticos

A experiência da graça se relaciona com a aceitação de Jesus Cristo e o comprometimento com o seu Reino. No anúncio e na atuação de Jesus nos é apresentado o Deus do Reino. Um Deus que gratuitamente nos oferece a salvação, por meio de seu Reino, isto é, de seu projeto salvífico posto em prática, de seu programa de ação.

Em Mateus e Marcos não aparece a palavra *cháris*. Em Lucas, ela aparece apenas oito vezes, o que é muito pouco se compararmos com outros escritos do Novo Testamento e com o segundo livro do mesmo autor, os Atos dos Apóstolos, no qual o termo mostra-se dezessete vezes. A ausência (ou escassez) do vocábulo *cháris* não significa, porém, que os sinóticos não se reportem à experiência própria da graça de Deus. Essa escassez é compensada com a abundante referência ao evento salvífico, à presença atuante e eficaz da graça no anúncio e início do Reino de Deus.

O Reino de Deus, anunciado e iniciado por Jesus de Nazaré, é manifestação da gratuidade de Deus Pai, que se aproxima dos pobres e pecadores. Àqueles que nada podem, nada têm, nada sabem, nada mandam é anunciada a graça da salvação. O Filho eterno do Pai aproxima-se dos pobres, com eles se identifica, com eles é solidário, toma o seu partido. Denuncia e desmascara o uso perverso do poder religioso-ideológico dos fariseus e sacerdotes. Demonstra por sinais concretos a presença do Reino de Deus: cura dos doentes; expulsão dos espíritos malignos e vitória sobre o mal; acolhida e perdão aos pecadores; ensino fácil dos mistérios de Deus, por meio de parábolas; banquetes de festa; comensalidade com todo tipo de pessoas; superação de preconceitos; defesa dos direitos e da dignidade das mulheres; encontros de salvação.[24]

Deus manifesta sua graça e poder, não mediante a força e o poder humanos, mas na simplicidade dos fatos cotidianos, na pequenez e humildade das pessoas (de Maria: Lc 1,28.30; do menino Jesus: Lc 2,40.52), na palavra de Jesus de Nazaré, profeta rejeitado (Lc 4,22), no amor aos inimigos (Lc 6,32-34), na revelação do Reino aos pequeninos (Mt 11,25-27; Lc 10,21-22), na semente que se transformará em árvore, no fermento que levedará a massa, na pitada de sal que dará sabor à comida, no facho de luz que iluminará toda a casa.

O Reino de Deus não tira sua força do poder humano, mas do próprio amor de Deus. A semente do Reino "germina e cresce, sem que ele (o ser humano) saiba como" (Mc 4,27). O Reino de Deus é, enfim, o próprio Deus como ação, Deus em seu transbordamento de amor, Deus voltado para o ser humano, libertando-o, perdoando-o, chamando-o ao encontro consigo.

---

[24] Ver: SOBRINO, J. *Jesus, o libertador*; a história de Jesus de Nazaré. Petrópolis, Vozes, 1994. pp. 135-159.

Para sintetizar a reflexão sobre a graça nos evangelhos sinóticos, podemos dizer que, no anúncio e início do Reino, a graça de Deus se aproxima do ser humano como:[25]

- Realidade presente e escatológica, dom gratuito e incondicional a ser acolhido na fé, presença amorosa de Deus na forma de acolhida e perdão (Mt 21,31-32; Lc 22,43).
- Convite ao espírito filial, pelo qual a relação com Deus não se decide tanto por meio da pertença a uma raça ou nação, como no Antigo Testamento, mas mediante uma relação pessoal, amorosa e afetiva, em que Deus é chamado e amado como *Abbá*, Pai de cada um de seus filhos e filhas (Mt 6,9; 23,9).
- Convite ao seguimento de Jesus, pelo qual é preciso deixar tudo, a fim de poder continuar sua obra e tornar-se igual a ele e servir aos irmãos e irmãs (Mt 5,11-12; 7,21-23; Mc 9,33-35).
- Experiência atual (*hoje*) de salvação de todos os males espirituais, morais e materiais, como sinal e condição de liberdade integral, de dignidade pessoal e de convivência com Deus (Lc 19,1-10; Mc 5,33).

### 3.2. Nos Atos dos Apóstolos

Nos Atos dos Apóstolos, a palavra *cháris* aparece dezessete vezes, um número bastante significativo que mostra a rica experiência da presença e da ação de Deus na vida das primeiras comunidades cristãs. Nos Atos, "graça é aquela força que provém de Deus, ou do Cristo glorificado, e que acompanha a atividade dos apóstolos e torna possível o sucesso da missão". A própria missão "tem como objetivo o anúncio da *graça* — palavra que é usada como sinônimo de *Evangelho*".[26] A graça é experimentada como sucesso da missão, crescimento da Igreja, expansão do Reino (At 6,8; 11,23; 14,26; 15,40).

A experiência da graça se relaciona, ainda, com o dom do Espírito Santo, como ação carismática e santificante na Igreja primitiva (At 2,38; 10,45).

### 3.3. Nas cartas de são Paulo

Nos escritos paulinos, a experiência da graça é mais tematizada que em outros textos do Novo Testamento. Das 155 vezes em que a palavra *cháris* aparece no Novo Testamento, cem delas estão nas cartas paulinas. O Reino (*basiléia*) pregado por Jesus, apresentado pelos sinóticos como o centro de sua mensagem e obra, é designado por Paulo com o termo "graça" (*cháris*). Por sua vez, *cháris* é o centro da vida e da pregação de

---

[25] RUIZ DE LA PEÑA, Graça, loc. cit., p. 320; Id. *O dom de Deus*; antropologia teológica. Petrópolis, Vozes, 1997. pp. 214-228; BAUMGARTNER, op. cit., pp. 41-44.
[26] ESSER, Grazia, loc. cit., p. 827.

Paulo. É nele que se encontra o fundamento de toda a teologia da graça posteriormente elaborada na história do cristianismo.

Como para o Antigo Testamento, para Paulo graça é o dom divino, a eleição gratuita, a iniciativa salvífica divina, só que agora manifestada e realizada em Cristo. "A *cháris* paulina não é algo, mas alguém. O dom gracioso que Deus nos faz é a entrega de seu Filho (Rm 8,31-39). A nova vida que o referido dom produz no ser humano justificado é a vida entregue do Senhor Jesus."[27] Por isso, pode o apóstolo, e com ele cada cristão e cristã, dizer: "Eu vivo, mas não eu: é Cristo que vive em mim. Minha vida atual na carne, eu a vivo na fé, crendo no Filho de Deus, que me amou e se entregou por mim" (Gl 2,20).

Por brevidade de espaço, desenvolveremos apenas a teologia da graça elaborada na Carta aos Romanos. Ela servirá como chave para se poder entender o tema da justificação que será detalhado no Concílio de Trento, conforme veremos no capítulo seguinte. Na introdução que a Tradução Ecumênica da Bíblia faz à Carta aos Romanos,[28] há uma sugestiva pista de leitura que servirá para nossa inspiração. Considerando que os capítulos 12 a 15 constituem uma parte distinta, mais moral, ética ou parenética, a TEB examina mais detalhadamente os capítulos 1 a 11, de caráter mais doutrinal, nos quais Paulo elabora sua teologia da graça. Nesta parte, Paulo não segue um desenvolvimento lógico e linear, mas, à maneira dos profetas veterotestamentários, procede por círculos concêntricos.

Nos capítulos 1 a 11, Paulo apresenta um único tema — a tribulação humana superada pela graça divina — em quatro exposições sucessivas. Desse modo, mostra claramente a passagem da situação infeliz em que se encontra a humanidade para uma situação de graça e de salvação, em que se manifesta o amor onipotente de Deus. Numa exposição dialética, insiste tanto na incapacidade humana quanto na onipotência divina. Trabalhando com contraposições, apresenta, primeiro, a fraqueza humana, depois, a força divina. Sua teologia da graça é exposta, assim, em quatro seções:[29]

---

[27] Ruiz de La Peña, Graça, loc. cit., p. 320.
[28] TEB — Tradução Ecumênica da Bíblia. São Paulo, Loyola, 1994. pp. 2168s. Ver também: Dormier, Pierre & Carrez, Maurice. A Epístola aos Romanos — Vários planos e pistas de leitura. In: Carrez, Maurice; Dormier, Pierre; Dumais, Marcel; Trimaille, Michel. *As cartas de Paulo, Tiago, Pedro e Judas*. São Paulo, Paulus, 1987. pp. 159-164.
[29] Segundo Dormier e Carrez, esta estrutura tem um expressivo alcance ecumênico. É interessante observar como cada tradição cristã se move, em sua teologia da graça, a partir de uma dessas seções. Os protestantes são mais sensíveis à seção jurídica, em que o ser humano está diante do tribunal de Deus e é salvo da condenação pela sentença divina da graça. Os católicos preferem a seção teológico-sacramental, porque encontram nela fundamentos para sua teologia dos sacramentos e sua teologia do pecado original. Os ortodoxos apreciam mais a seção psicológico-espiritual, pela importância que ela dá ao Espírito Santo na vida dos fiéis e da Igreja. No diálogo inter-religioso com os judeus, a seção histórica também ganha significado, por causa da perspectiva da salvação que, em Cristo, é oferecida a Israel. Ver: Dormier & Carrez, op. cit., p. 162.

Na *primeira seção* (1,18–4,25), ao fazer oposição entre pecado e graça, Paulo se mostra um *jurista*. Primeiro constata a tribulação da humanidade inteira (judeus e gentios), que se encontra, por causa do pecado, sob o veredicto da condenação, como objeto da ira de Deus (1,18–3,20). Nem a razão humana dos pagãos nem a prática judaica da Lei poderão salvar o ser humano dessa condição. Vem, assim, como superação dessa miséria, o feliz anúncio da justificação, pela graça de Jesus Cristo, de todos os que crêem (3,21–4,25). Exemplo dessa justificação é a que foi concedida a Abraão, cuja fé e esperança devem imitar seus descendentes, para alcançarem a salvação definitiva em Cristo (cap. 4).

Na *segunda seção* (5,1–6,23), por meio de uma contraposição entre morte e vida, Paulo faz uma reflexão *teológico-sacramental*. Reflete sobre a humanidade, considerando-a um corpo cujo destino está prefigurado e incluído no destino de sua cabeça. Primeiro, ele trata da tribulação da humanidade solidária com o primeiro Adão (5,1-14), com quem participa do pecado e com quem está fadada à morte. Em seguida, como contraposição a esse destino de morte, vem o anúncio da salvação da humanidade por sua solidariedade com Jesus Cristo, o segundo e novo Adão, com quem ela triunfa sobre a morte (5,15–6,23). Sinal dessa salvação é o batismo, por meio do qual morremos para o pecado e ressuscitamos, com Cristo, para a nova vida na graça de Deus (cap. 6).

Na *terceira seção* (7,1–8,39), ao trabalhar a oposição entre Lei e Espírito, Paulo é um *psicólogo e diretor espiritual*. Nota que o ser humano é escravo do pecado e dominado pela morte por causa de sua confiança na Lei. Trata da tribulação da humanidade escrava da Lei. O ser humano vive uma profunda divisão: pela Lei tem pleno conhecimento do pecado, mas pela Lei não tem condições de se libertar dele (7,1-25). Segue-se o anúncio da libertação da humanidade pelo Espírito, que, habitando no interior do coração do ser humano, faz que este seja filho no Filho, não só capaz de conhecer o pecado, mas também de superá-lo pela prática do amor e pela vida na graça (8,1-39). Expressão dessa filiação divina no Espírito de Cristo é o hino ao amor de Deus (8,31-39): "Se Deus é por nós, quem será contra nós?" (8,31).

Na *quarta e última seção* (9,1–11,36), Paulo é um *historiador*. Trabalha com a contraposição entre o afastamento e a reintegração de Israel. Ele apresenta o desígnio de Deus ao antigo e ao novo Israel. Desenvolve, primeiro, a tribulação do povo de Israel em sua rejeição a Cristo. Por sua recusa, Israel parece deixado fora da salvação, separado de Deus (9,1–10,21). Mas vem o anúncio da reintegração de Israel em Cristo, em conjunto com todos os povos que hão de crer no único Deus Salvador (11,1-36). Manifestação de gratidão por essa obra maravilhosa de Deus é o breve hino de louvor sobre o desígnio de Deus (8,33-36).

A síntese desse itinerário se encontra no final da exposição: "Deus encerrou todos na desobediência, a fim de usar misericórdia para com todos" (11,32). Ou, em outro lugar, de modo mais explícito: "Onde se multiplicou o pecado, a graça transbordou" (5,20). Assim, a conclusão da teologia paulina da graça, na Carta aos Romanos, só pode ser uma manifestação de alegria e louvor: "Na verdade, tudo é dele, por ele e para ele. A ele, a glória para sempre. Amém!" (11,33-36).

Para são Paulo, é claro que a verdadeira liberdade humana não se encontra do lado do pecado, da morte ou do afastamento de Deus. A liberdade humana é tanto mais libertada de seu atrelamento ao pecado e evidenciada em sua dignidade quanto mais ela estiver do lado da graça, da vida sacramental e da comunhão com Deus. O ser humano é mais livre não quando vive segundo a carne, mas quando se submete à vida segundo o Espírito.

Após essa breve apreciação da teologia paulina da graça na Carta aos Romanos, podemos dizer sinteticamente[30] que, para são Paulo, a graça é o centro da vida cristã, e sua experiência relaciona-se com:

- A doutrina das duas humanidades, do velho Adão e do novo homem (1Cor 15,45-49; Rm 5,12-21; Ef 2,14-22). Todo ser humano é pecador. O pecado tornou o ser humano desobediente diante de Deus, egoísta na relação com os outros, subjugado pelas paixões e vícios, idólatra das coisas do mundo, voltado para a morte. Só em Cristo o pecador poderá ser justificado e salvo; só em Cristo poderá tornar-se nova criatura e realizar-se como ser humano. Em Cristo, o Pai nos dá a graça da salvação.
- A vida em Cristo ressuscitado (Gl 2,19-21; 3,26s; Rm 6; 8,9-11). A participação na morte e ressurreição de Cristo, pela fé e pelo batismo, alcança para o cristão uma relação pessoal com Cristo. A vida cristã é uma páscoa contínua, uma passagem: do pecado para a vida na graça, do egoísmo para a comunhão, da indiferença para a solidariedade, da subjugação diante da lei para a liberdade em Cristo.
- O dom do Espírito de filiação (Ef 1,3-5; Gl 4,4-7; Rm 8,14-18). Pela vida em Cristo, somos agraciados com a presença e a atuação do Espírito em nós e entre nós. Sua principal função é assemelhar-nos e unir-nos a Cristo, tornando-nos filhos e filhas no Filho, com o Filho, na filiação adotiva do Pai.
- O dom da graça libertadora (Gl 3,23-26; Ef 2,11-15; sobretudo Gl e Rm 8). A graça de Deus liberta nossa própria liberdade, que estava prisioneira do pecado, para vivermos não mais sob o domínio da lei, do pecado e da morte, mas na

---

[30] BAUMGARTNER, op. cit., pp. 44-55; RUIZ DE LA PEÑA, op. cit., pp. 228-240.

liberdade de filhos e filhas; para vivermos não mais segundo a carne, mas segundo o Espírito.
- A doutrina da justiça e da justificação. Centro da teologia paulina da graça é sua doutrina da justiça e da justificação, que se pode desdobrar nas seguintes afirmações: 1) a justificação é o juízo pelo qual Deus declara justo o pecador e o faz efetivamente justo (Rm 5,18); 2) o ato de fé é indispensável para a justificação do ser humano, para a apropriação da redenção objetiva (Rm 1,16s; 3,21s; 10,9s); 3) a fé ativa é condição necessária da justificação (Rm 2,6.13; 8,3s; Ef 2,1-10, em confronto com Rm 3,28); 4) a justificação é uma realidade atualmente presente e interior ao ser humano, a quem transforma em nova criatura (2Cor 5,21; 1Cor 1,30s), pois o ser humano deixa de ser pecador (Rm 6,17s; Cl 1,21s) e se torna justo em promessa, já e ainda não (1Cor 6,11; Rm 3,24).

Para concluir essa resenha da teologia paulina da graça, citamos:

> A graça é uma provisão à qual temos acesso em Cristo (Rm 5,2). É um estado ou condição em que permanecemos (Rm 5,2). É dada em abundância (Rm 5,17)[...] É mais abundante do que o pecado (Rm 5,15.20; 6,1). É-nos dada em Cristo (1Cor 1,4)[...]. Está nos cristãos (2Cor 9,14)[...]. Abrange sempre mais pessoas (2Cor 4,15)[...]. Pode e deve ser obtida pelos cristãos (Hb 12,15).[31]

### 3.4. Nos escritos joaninos

O vocábulo *cháris* aparece apenas três vezes no evangelho de João, todas elas no prólogo (Jo 1,14.16.17). Aí, a graça é descrita como conteúdo da glória divina do Verbo, manifestada a nós em toda a sua plenitude.

A escassez do termo *cháris* não significa que não haja uma teologia joanina da graça. Na verdade, em todo o texto do evangelho de João, os dons trazidos pelo Verbo revelador do Pai, tais como *vida*, *luz*, *verdade*, *amor* etc., com os quais ele mesmo se identifica, podem ser concebidos somente como dons de sua graça.[32] Afinal, toda a teologia joanina nada mais é do que a manifestação da graça de Deus em Cristo, uma vez que ela gira "em torno do mistério do amor que Deus é e que se difunde nas três grandes manifestações que fizeram da história um processo salvífico: a) o amor eterno do Pai ao Filho e ao mundo; b) o amor do Filho encarnado ao mundo e aos seres humanos; c) o amor dos seres humanos ao Pai, ao Filho e, conseqüentemente, aos irmãos".[33]

---

[31] MACKENZIE, Graça, loc. cit., p. 393.
[32] ESSER, Grazia, loc. cit., pp. 827-828.
[33] RUIZ DE LA PEÑA, Graça, loc. cit., p. 321.

A doutrina da graça em João pode ser sintetizada em três aspectos:[34]

- O Verbo feito carne é fonte de vida (Jo 1,4; 11,25s; 1Jo 1,1s; Jo 3,14; 5,24s; Ap 3,1s; Jo 5,24; 1Jo 3,14s). Pela vinda do Verbo a nós, vivemos desde já a vida eterna. A expressão joanina "vida eterna" tem o mesmo significado que "reino" para os sinóticos e "graça" para Paulo. Trata-se de uma realidade ao mesmo tempo presente e futura, pessoal e comunitária, interior e exterior.
- A comunhão com o Pai e o Filho no Espírito Santo (Jo 1,5-7; 17; 4,11; 2,5s). Pela encarnação e pelo dom do Espírito, há uma relação íntima entre Deus e os seres humanos. Há uma imanência de Deus nos fiéis e dos fiéis em Deus. A vida cristã é permanecer no amor do Pai, na união com Cristo, na posse do Espírito e na comunhão com os irmãos e irmãs.
- O nascimento de Deus (*ex Deo* = a partir de Deus) (Jo 2,29; 3,3-10; 1Jo 3,9). Quem nasce de Deus pertence a Deus, é de Deus, tem Deus sempre consigo, não peca, vive sempre em Deus.

### 3.5. A Segunda Carta de Pedro

Interessante para o nosso tema é a frase de 2Pd 1,4: "[...] a fim de que vós vos tornásseis participantes da natureza divina". Aparece aí uma expressão enérgica que esboça uma particular definição da graça: participação na natureza divina (*théia phýsis*, associada à *théia dýnamis*). Trata-se de uma locução da filosofia grega, bastante corrente na comunicação do povo, mas única em toda a Escritura. "É um hápax dentro da Escritura."[35] Certamente, para o autor sagrado, a locução não tem o mesmo sentido da mitologia e filosofia gregas, nas quais a participação na natureza divina estaria fortalecendo a concepção do panteísmo e do emanatismo, doutrinas que não distinguem o criador e a criatura. A citação em pauta aproxima-se, ao contrário, do sentido bíblico paulino e joanino de dom gratuito de Deus (1Cor 1,9; 10,16s; 1Jo 1,3-7).

A participação na natureza divina é uma realidade não só futura, escatológica, mas já presente no cristão, como graça de assimilação a Deus, que consiste na incorruptibilidade e imortalidade. Bens reservados a Deus, mas cuja antecipação e gozo possuímos desde já, enquanto esperamos a ressurreição. Encontra-se aí apoio seguro para a doutrina da divinização do cristão, tão cara à teologia dos Pais da Igreja do Oriente.

---

[34] BAUMGARTNER, op. cit., pp. 56-61; RUIZ DE LA PEÑA, op. cit., pp. 240-244.
[35] BAUMGARTNER, op. cit., p. 62. Ver também: BOFF, Leonardo. *A graça libertadora no mundo*. Petrópolis, Vozes, 1985. pp. 209-219.

## CONCLUSÃO

O trajeto percorrido neste capítulo nos favoreceu a oportunidade de conhecer a germinal teologia da graça presente na Sagrada Escritura. Vimos que não há, na Sagrada Escritura, um tratado sistematicamente elaborado da teologia da graça. O que temos aí é a experiência da graça, vivida pelo povo de Israel, pelos discípulos de Jesus Cristo e pelas primeiras comunidades cristãs. Não interessa nem ao Israel antigo nem à Igreja primitiva refletir sobre Deus e sua graça. O que interessa é a relação entre Deus e o ser humano, entre Deus e o povo. A graça é vivida como experiência pura e simples, nas mais diversas dimensões da vida humana, do social ao pessoal, do político ao religioso.

Mesmo que não haja, na Bíblia, uma explicitação racional da experiência da graça, é possível, no entanto, constatar aí, ainda que na forma germinal e em linguagem concreta, histórica e experiencial, uma *teologia da graça*, presente em alguns lugares ou autores da Sagrada Escritura.

Neste capítulo, fizemos uma breve resenha dessa seminal *teologia da graça* do Antigo e do Novo Testamento. Reportando-nos à presença dos termos *cháris* e *hen*, vimos que, na Bíblia, a palavra "graça" pode ser entendida por meio de diversos significados: favor, benefício, bondade, prazer, satisfação, serviço, amor, reconhecimento, recompensa, agradecimento, beleza.

No Antigo Testamento, o povo experimenta a benevolência de Javé em seu favor, como Deus da eleição, da aliança e da libertação. Por essa experiência, cada israelita em particular e o povo em geral se definem como parceiros de Deus. É a partir daí, dessa relação com um Deus benevolente, que cada israelita e todo o povo se sabem livres, responsáveis, conscientes de si, sujeitos e construtores da história. Experimentar a graça divina é, portanto, para o povo de Israel e para cada um de seus membros, testemunhar a atitude de doação pessoal de Deus para com o povo. Desse modo, cada israelita e todo o Israel podem viver na certeza de um clima de amor e de benevolência da parte de Deus.

Na Nova Aliança, firmada por Deus Pai com a humanidade toda por meio de seu Filho, Jesus de Nazaré, a graça divina está sempre relacionada com o Reino de Deus e sua justiça, com saúde para os doentes, com perdão para os pecadores, com dignidade para as mulheres marginalizadas, com valorização dos pequenos, com predileção pelos pobres, com inclusão dos marginalizados. Em todas essas expressões tão humanas e afetivas de salvação refletem-se ações gratuitas de Deus que apelam à aceitação, primeiramente humilde e agradecida e, depois, também comprometida, da parte do ser humano. Experimentar a graça divina da salvação, da felicidade neste mundo rumo à felicidade eterna, é seguir Jesus Cristo, permanecer no seu amor, comungar de seu pão e de seu sangue, ouvir e praticar a sua Palavra, amar como ele amou, dar a vida em favor dos irmãos e irmãs, confiar na providência divina. É, enfim, inserir-se na vida de Cristo. No Novo Testamento, a experiência da graça vem apresentada sempre em relação à manifestação definitiva de Deus em Cristo e no seu Espírito. Só no evento Cristo é que será possível descobrir "a largura, o comprimento, a altura, a profundidade" da graça de Deus por nós (Ef 3,18).

De modo geral, pode-se dizer que, na Bíblia, graça significa a atitude pessoal de condescendência e benevolência que Deus tem em sua relação com o ser humano. No Novo Testamento, em especial, graça é o favor gratuito e misericordioso de Deus Pai, revelado agora na pessoa e práxis de Jesus, em sua atitude de aproximação, identificação e solidariedade para com os pobres e em sua proposta de perdão e salvação aos pecadores.

---

**Perguntas para reflexão e partilha**

1. Que conclusões teológicas você tira desta teologia bíblica da graça?

2. Em que medida a vida na graça é para você, como foi para Israel, para Jesus e os apóstolos, o centro de sua espiritualidade, de sua ação pastoral e de sua atuação política?

3. Como o Evangelho da graça poderia se tornar mais explícito nas pregações e práticas cristãs de nosso tempo?

---

### Bibliografia

BAUMGARTNER, Ch. *La gracia de Cristo*. Barcelona, Herder, 1982.

BINGEMER, M. C. & FELLER, V. G. *Deus Trindade;* a vida no coração do mundo. São Paulo/Valencia, Paulinas/Siquem, 2003.

MUÑOZ, R. *O Deus dos cristãos*. Petrópolis, Vozes, 1987.

RUIZ DE LA PEÑA, J. L. *O dom de Deus*; antropologia teológica. Petrópolis, Vozes, 1997.

SOBRINO, J. *Jesus, o libertador*. Petrópolis, Vozes, 1994.

Capítulo quarto

# EXPERIÊNCIA E DOUTRINA DA GRAÇA NA HISTÓRIA DA IGREJA

O objetivo deste capítulo é mostrar como a experiência da graça foi entendida e refletida na história da fé cristã. Veremos que tal experiência foi vivida e sua doutrina sistematizada em meio a conflitos e polêmicas ocorridos ao longo da história.

A verdade sobre a graça apresentada na forma de semente na Bíblia foi aos poucos sendo explicitada na história da teologia. Os Padres da Igreja no Oriente compreendiam a graça como divinização do ser humano. Grande avanço na compreensão da graça foi feito por Agostinho, em sua polêmica com Pelágio: a graça como redenção do pecado e salvação em Cristo morto e ressuscitado. Nos tempos da escolástica, o tratado da graça, em que pese sua redução a esquemas acadêmicos e racionalistas, foi desenvolvido em ótica cristológico-trinitária por Tomás de Aquino.

O ápice dessa história encontra-se no conflito entre a Reforma Protestante e o Concílio de Trento, com a decorrência de duas concepções diversas da experiência da graça. Do lado protestante, a graça é a experiência da salvação como dom totalmente gratuito de Deus, sendo a colaboração humana entendida como conseqüência desse amor primeiro e gratuito de Deus. Do lado católico, a graça é a experiência da salvação como dom de Deus em correspondência com a ação livre do ser humano. Nos tempos atuais, com o avanço do ecumenismo, busca-se uma compreensão mais comum entre católicos e protestantes.

## 1. A DOUTRINA SOBRE A GRAÇA NOS PADRES DA IGREJA DO ORIENTE

Os Padres da Igreja, no Oriente, não fazem distinção intelectual tão clara entre Deus e o ser humano, entre ser humano e mundo, entre Criador e criatura. A distinção acontece na ordem da relação, do encontro e do diálogo, em que evidentemente cabe a Deus a iniciativa da graça, da salvação e de todo o bem. Não há neles, por isso, o dualismo que se infiltrará na teologia ocidental, a partir da clara distinção entre graça divina e liberdade humana proposta por santo Agostinho. Os Padres da Igreja no Oriente têm uma concepção unitária, mais correspondente ao ponto de vista semita, segundo o qual a salvação acontece na história, na única história na qual Deus vem ao encontro do ser humano, seja na ordem da criação, seja na ordem da encarnação e da redenção. Sua teologia da graça, de inspiração joanina, firma-se na encarnação de Cristo, pela qual o Verbo se fez carne para divinizar o ser humano. Não percebida na tematização racional, mas na pregação catequética e na celebração litúrgica, a teologia da patrística oriental se resume nos próximos três aspectos.[1]

## 1.1. Relação entre sacramento e graça

Os autores do século II vêem na remissão dos pecados e no dom do Espírito Santo os dois principais traços da graça batismal. O Pseudo-Barnabé fala da nova criação do ser humano. O autor de *Pastor de Hermas* fala da nova vida no Espírito Santo. São Justino fala do banho de regeneração.

Santo Irineu insiste menos na remissão dos pecados do que na regeneração, no segundo nascimento, na renovação do ser humano pelo dom do Espírito Santo, que o faz ser humano espiritual, filho de Deus, templo do Espírito, assemelhado ao Cristo, à espera da visão de Deus.[2]

Orígenes vê na graça batismal o fundamento de toda a vida espiritual: libertação da escravidão do demônio, pela remissão única e total dos pecados; participação na vida do Logos, no Espírito, pela fé-conhecimento-amor, para retornar ao Pai.

Cirilo de Jerusalém fala da graça batismal nestes termos: resgate dos cativos, remissão dos pecados, regeneração da alma, vestidura da luz, selo santo indissolúvel, veículo para o céu, delícias do paraíso, prenda do reino, dom da adoção filial, in-habitação do Espírito Santo (ver nota 37 deste capítulo).

## 1.2. A encarnação, princípio de divinização e de adoção filial

A filosofia religiosa do mundo helênico propagava a doutrina platônica da assimilação ao divino. Os Padres gregos aproveitaram essas teorias e aspirações para ilustrar o tema bíblico da criação do ser humano como imagem e semelhança de Deus, mas acentuam que a participação na natureza divina, a deificação, não é conquista do ser humano (ascese, dialética racional, purificações, ritos mágicos): é um dom de Deus que se

---

[1] Seguiremos, neste item: BAUMGARTNER, Ch. *La gracia de Cristo*. Barcelona, Herder, 1982. pp. 64-83.
[2] IRINEU DE LIÃO. *Contra os hereges* V, 6,1; 8,1-2; 9,2 (Col. Patrística 4. São Paulo, Paulus, 1995. pp. 530ss).

aproxima da criatura para associá-la a si. Seguem o esquema tripartido: criação do ser humano à imagem e semelhança de Deus, degradação da imagem pela queda, sua restauração pela encarnação e redenção; seguem 2Pd 1,4 para acentuar a participação na natureza divina pelo dom da imortalidade, incorruptibilidade, ressurreição gloriosa. Assim pensam Irineu, Clemente de Roma e Inácio de Antioquia.

Irineu distingue imagem de semelhança. A *imagem* é o ser natural do ser humano, que é corpo e alma; a imagem nunca é perdida. A *semelhança* foi destruída pelo pecado, mas nos é devolvida pelo Logos feito homem e pelo Espírito Santo.[3]

Clemente de Alexandria fala da semelhança como dom que o ser humano alcançará à medida que se faz mais perfeito. Por isso, fala da divinização como o final de uma pedagogia que conduz o ser humano, por etapas, do paganismo à fé, da fé à gnose, da gnose à caridade, à união com Deus. Usa pela primeira vez o verbo *deificar*.

Orígenes ensina que a imagem não se dá no corpo nem no composto humano, mas no ser humano interior, na alma, no seu Logos, que, por sua vez, é ponto de partida de uma assimilação progressiva, de uma semelhança cada vez mais progressiva com Deus. O ser humano é divinizado pelo Logos feito homem.

Atanásio e Gregório de Nissa entendem que a imagem é o selo divino impresso na inteligência, que, obscurecida pelo pecado, volta ao seu esplendor pela redenção. É o espírito concreto, inteligente e livre, capaz de Deus. A semelhança, por sua vez, é uma assimilação superior, sobrenatural e específica das propriedades reservadas a Deus. Existe em virtude do esforço humano para imitá-lo. Contudo, trata-se de um esforço que só é possível na dependência da iniciativa e ação de Deus, que, ao procurar, pela encarnação do Filho, a divinização de toda a humanidade, só realiza de fato a participação dos indivíduos na natureza divina pela fé e pelos sacramentos.

A divinização do cristão se identifica mais ou menos claramente com a filiação adotiva. É o que ensinam particularmente Inácio de Antioquia, Irineu, Atanásio e Cirilo de Alexandria.

Inácio de Antioquia centra sua doutrina na união com Cristo. Sua mística é mais eucarística e martirial que batismal. A eucaristia é medicina de imortalidade, antídoto para não morrer, mas para viver para sempre em Cristo, como teóforos, cristóforos e pneumatóforos, isto é, portadores de Deus, de Cristo e do Espírito Santo, respectivamente.[4]

---

[3] Id., ibid., pp. 328s; 336; 506ss.
[4] INÁCIO DE ANTIOQUIA, op. cit., *Aos efésios*, 9,2; 20,2 (Col. Patrística 1. São Paulo, Paulus, 1995. p. 85; 89).

Irineu fala do mistério da encarnação redentora como fonte de salvação eterna para os seres humanos, vencidos que estão pelo pecado e a morte. O Verbo de Deus se fez ser humano para que este se fizesse filho de Deus. A encarnação é o meio necessário, é a condição para nossa adoção divina, para nossa semelhança com Deus, a regeneração pelo Espírito, a deificação.[5]

Atanásio ensina que a filiação adotiva se dá pela participação do cristão no Verbo, imagem única e perfeita do Pai. A encarnação do Verbo tem por fim restaurar a obra da criação comprometida com o pecado. Encarnado, o Verbo torna sensível o conhecimento de Deus ao ser humano, imerso no sensível, e vence a morte, que recobrara seu império natural sobre o ser humano. Participando dele por graça, tornamo-nos filhos e filhas no único Filho.[6]

Cirilo de Alexandria ensina que a filiação adotiva está ligada à encarnação redentora, pela qual Cristo, consubstancial com o Pai, se faz também consubstancial com os seres humanos. Tem assim uma relação de ordem ontológica com a humanidade, relação que nos dá uma espécie de filiação potencial, radical, um parentesco carnal com Cristo. Para se chegar à filiação de graça e adoção, requer-se a ação santificadora da humanidade de Cristo pelos sacramentos e a ação livre do ser humano pela fé. O parentesco carnal prepara o parentesco espiritual, a comunicação do seu Espírito, que nos faz filhos como Cristo.

### 1.3. O Espírito Santificador

No curso das controvérsias sobre a divindade do Espírito Santo, os Padres gregos foram definindo a verdade sobre a terceira pessoa divina, não tanto por sua relação com as outras duas, mas sobretudo por sua ação santificadora no ser humano e na Igreja. Se ele nos une a Deus e entre nós, se ele nos faz filhos e filhas no Filho, se ele nos santifica, é porque ele é Deus.

Atanásio ensina que o cristão é divinizado pela participação no Verbo e no Espírito Santo. Se é o Espírito Santo que nos diviniza, é porque ele é Deus.

Basílio ensina que o Espírito Santo aperfeiçoa os seres racionais, dando-lhes seu último acabamento, fazendo-os filhos e filhas de Deus, conformes à imagem do Filho de Deus. Basílio fala da presença pessoal do Espírito Santo na alma e do estado que resulta dessa presença. Porque o Espírito Santo é santidade por essência, ele nos faz santos.[7]

---

[5] Irineu de Lião, op. cit., pp. 328-336; 429s; 473s; 561s.
[6] Atanásio de Alexandria. *Contra os arianos* II, 70 (citado em: Huscenot, Jean. *Os doutores da Igreja*. São Paulo, Paulus, 1997. p. 17).
[7] Basílio de Cesaréia. *Tratado sobre o Espírito Santo* (Col. Patrística 14. São Paulo, Paulus, 1999. pp. 89-187).

Cirilo de Alexandria insiste de tal forma na função santificadora do Espírito Santo que parece reduzir à sua obra todo o processo de santificação. Isto é, a graça incriada (o Espírito Santo) é apresentada com tal relevo que a graça criada (os dons do Espírito Santo) fica na sombra. Santo por natureza, ele se distingue não do Pai e do Filho, mas das criaturas. Por isso, a união com Deus, a adoção divina, a participação na natureza divina, só se realiza na união com o Espírito Santo. Nele e por ele se comunicam a nós o Pai e o Filho. Ele é o laço que une nossas almas ao Pai e ao Filho.

Como se percebe, não há na teologia dos Padres gregos uma sistematização da teologia da graça. Esta é tratada eventualmente, em termos mais histórico-salvíficos do que racional-dogmáticos, nos ensinamentos e escritos sobre o batismo e demais sacramentos, sobre a encarnação do Verbo e sobre a obra santificadora do Espírito.

## 2. A DOUTRINA SOBRE A GRAÇA EM AGOSTINHO

Diversos fatores contribuíram para que santo Agostinho concebesse a graça de Cristo como um princípio de ação, de liberdade e de libertação espiritual.[8] A metafísica neoplatônica deu-lhe o sentido de participação dos nossos atos livres na bondade divina. A doutrina bíblica sobre Deus deu-lhe o sentido da onipotência e soberania de Deus sobre a vida e vontade dos seres humanos. A experiência de sua conversão intelectual e moral deu-lhe o sentido da soteriologia paulina: conversão e salvação não como resultado do esforço próprio, mas como obra gratuita de Deus. A reação à antropologia pelagiana, que exaltava as forças morais da vontade humana, levou-o a exaltar a iniciativa e soberania da graça de Deus.

Todos esses fatores levaram-no a construir uma teologia da graça com base na idéia de que o ser humano decaiu e pecou, uma teologia da necessidade, gratuidade e eficácia da graça. Diferentemente dos Padres gregos, que seguiam a teologia joanina da graça, Agostinho explicita mais a teologia paulina da graça: a graça não apenas se opõe ao pecado e o destrói, mas triunfa sobre ele, porque é vida em Cristo. Há, por isso, uma insistência maior na redenção, alcançada por Cristo em sua morte. Por outro lado, para insistir na redenção, há também uma insistência no pecado. Daí o *hamartiocentrismo* (*hamartía* = pecado), tão próprio da teologia ocidental, fortemente influenciada pela doutrina agostiniana.

Com Agostinho, acontece uma mudança de rumo na teologia da graça. Até aqui (estamos nos séculos IV e V), a experiência da graça era vivida como divinização. Por obra da encarnação de Deus em Cristo, o ser humano é elevado à condição divina, à adoção filial, à participação na

---

[8] Sobre este item, ver: BAUMGARTNER, op. cit., pp. 83-99.

natureza divina. É o que se chama, na teologia e espiritualidade do Oriente, de deificação, divinização. A partir de Agostinho, por sua virada antropológica e por seu interesse pela psicologia humana, a experiência da graça será vivida como justificação.

Aprofundando a reflexão sobre a realidade do pecado, tão marcante em sua própria vida e tão facilmente constatável nas filosofias e práticas de que ele havia se aproximado, Agostinho salienta o lugar da ação humana desumanizante. Pelo pecado, o ser humano se desumaniza, perde sua condição original como criatura de Deus. Não basta, portanto, a divinização. Na realidade, para ser divinizado, o ser humano precisa primeiramente voltar a ser humano, ser justificado de sua queda pela bondade de Deus. Se houve desumanização por causa do pecado, é preciso haver, então, humanização, ou melhor, reumanização, a fim de que o ser humano possa se realizar e, assim, realizar o plano de Deus a seu respeito: ser imagem e semelhança do próprio Deus, não somente como dom, mas também como tarefa, isto é, como compromisso de recuperar, com o auxílio da graça redentora, a graça e a liberdade originais.

O problema da liberdade e da graça já havia sido apresentado no Oriente, mas de modo distinto. Reagindo contra o gnosticismo e o maniqueísmo, que negavam a liberdade humana, os Padres gregos (capadócios, alexandrinos e antioquenos), sem diminuir a soberania de Deus, insistiram no valor e na necessidade do esforço moral, sem o qual o ser humano corre o risco de pecar e de perder o Espírito Santo. Acreditavam que o esforço moral, próprio da liberdade humana, fruto da criação, poderia alcançar a divinização. Certamente, não sem a graça de Deus. Mas não se percebia tanto a maldade do coração humano; havia uma concepção mais otimista sobre a criação e as criaturas. Insistia-se na bondade radical do ser humano, de sua ação, de sua liberdade e de seu esforço moral.

Agostinho dá um passo adiante. Mais atento ao pecado humano, com uma concepção mais realista, para não dizer pessimista — fruto talvez de sua própria experiência de vida —, da criação e do ser humano, sobre as possibilidades da liberdade e da moral humanas, ele insistirá de modo radical na graça de Deus. Na relação entre a iniciativa da graça divina e a livre ação humana, Agostinho dá maior peso a Deus. Sem negar a liberdade humana, insiste mais no pecado humano. A graça divina é entendida e avaliada no contexto do pecado humano. Apesar do pecado, contra o pecado e após o pecado, é que se entende a graça de Deus. Trata-se de uma concepção cristocêntrica, mas sob enfoque antropocêntrico e hamartiocêntrico.

Nesse sentido, a teologia da graça de Agostinho pode ser sintetizada nas seguintes teses:[9]

---

[9] Nesta síntese, seguiremos: BAUMGARTNER, op. cit., pp. 83-99.

1. O ser humano decaído é escravo da concupiscência e do pecado. Perdeu a liberdade, isto é, o poder de amar o bem e de cumpri-lo. Como conseqüência da magnitude do pecado, o ser humano já não é livre para amar a Deus e fazer o bem.[10]

2. A graça de Cristo, ao justificar o ser humano decaído, devolve-lhe a liberdade, isto é, o amor ao bem ou a complacência na justiça. O ato verdadeiramente bom é inspirado pela caridade. A justificação é a ação de Deus que converte o pecador, suscitando a boa vontade com o consentimento. A justificação dá ao ser humano a deleitação celestial e salva-o do egoísmo orgulhoso e sensual, pela caridade espiritual que vem de Deus-Amor.[11]

3. O livre-arbítrio, cativo do pecado, só pode fazer o mal. Entretanto, não se deve concluir que tudo o que o ser humano faz seja mau. Existe um temor servil, uma caridade incipiente, imperfeita na alma dos fiéis pecadores. No caso dos infiéis, ainda que seus atos não sejam maus em si mesmos, o são por causa da intenção de cobiça que os inspira. O estado do pecado original se estende a todos os atos do infiel, informando-os com a culpabilidade, privando-os da bondade que deveriam ter.[12]

4. O ser humano é impotente para o ato de fé que leva à salvação. A fé, sem a qual o ser humano não se justifica, é dom de Deus. Não só a fé, mas também todo começo de boa vontade, todo desejo de fé, toda conversão.[13]

5. Pelo batismo o pecador crente é *regenerado*; ele é incorporado a Cristo e à Igreja e se converte em filho de Deus e templo do Espírito Santo. Essa realidade dinâmica, permanente e progressiva, de justiça e caridade de Deus para com o pecador, é a graça da justificação. Ao insistir, contra os pelagianos, no aspecto medicinal e libertador da graça, Agostinho não desconhece seu aspecto divinizante (recriação da imagem de Deus, filiação adotiva, in-habitação do Espírito Santo).[14]

6. A justificação compreende o dom incriado do Espírito Santo e o dom criado da caridade, como causa e efeito, inseparáveis um do outro. Ela

---

[10] AGOSTINHO. *A natureza e a graça*, 3,3; 48,56; 66,79 (Col. Patrística 12. São Paulo, Paulus, 1999. pp. 114; 165s; 190).
[11] AGOSTINHO, *O espírito e a letra*, 3,5; 14,26; Id. *A graça de Cristo*, 21,22 (Col. Patrística 12. São Paulo, Paulus, 1999. pp. 47s; 234s).
[12] AGOSTINHO. *A natureza e a graça*, 57,67; 70,84; Id. *A graça de Cristo*, 26,27 (Col. Patrística 12. São Paulo, Paulus, 1999. pp. 178s; 196s; 241s); Id. *A graça e a liberdade*, 17,33 (Col. Patrística 13. São Paulo, Paulus, 1999. pp. 58s).
[13] AGOSTINHO. *A graça de Cristo*, 31,33s (Col. Patrística 12. São Paulo, Paulus, 1999. pp. 245s); Id. *A predestinação dos santos*, 2,5; 3,7; 5,10 (Col. Patrística 12. São Paulo, Paulus, 1999. pp. 152s; 155ss; 162s).
[14] AGOSTINHO. *A natureza e a graça*, 55,65s; 57,67 (Col. Patrística 12. São Paulo, Paulus, 1999. pp. 176ss).

torna boa a árvore má e a faz capaz de produzir bons frutos, transforma o coração de pedra em carne, liberta o livre-arbítrio da escravidão do pecado e devolve-lhe a saúde.[15]

7. O ser humano justificado tem sempre necessidade do auxílio atual de Deus para executar as obras salvíficas e perseverar na justiça. A graça restitui ao ser humano caído o poder de fazer o bem e dominar os atrativos da carne. Mas não lhe devolve a liberdade do estado anterior. O ser humano justificado é como um convalescente. Tem de apoiar-se sempre em Deus para não recair no mal. Nesta vida, a graça de Deus jamais suprime totalmente essa fraqueza em alguém. Mesmo justificado, o ser humano permanece sujeito às inclinações da concupiscência, que só serão vencidas pela graça, a ser pedida na oração. Trata-se então da graça eficaz, isto é, o auxílio divino sem o qual não há perseverança, o auxílio que assegura o surgimento e a manutenção da perseverança, como graça excitante e adjuvante, que procura e garante infalivelmente o consentimento da vontade e, nesse sentido, determina-o, sem forçá-lo.[16]

8. O ser humano justificado, por causa de sua cooperação com a graça de Deus, merece a vida eterna. No entanto, a perseverança humana é um dom de Deus. Dom que só se pode alcançar pela oração. A graça não é produto de nosas obras. É dom de Deus, que podemos pedir e esperar, mas não produzir ou merecer. Se a graça fosse o prêmio das obras, não seria graça. A graça precede as boas obras, não as segue. Não se pode merecer a graça pelas obras, já que estas não se podem fazer senão pela graça. Por sermos pecadores, pertencemos todos à massa dos condenados (*massa damnata*), estamos todos fadados à condenação. O pecado dos afastou da relação com Deus. Por isso, ninguém merece a graça. Ninguém tem direito sobre ela; ela não nos é devida. Se o fosse, não seria gratuita. Portanto, em princípio, para ser absolutamente gratuita, a graça pode ser concedida ou negada à massa dos condenados. Se Deus a concede, é por ser bom. Se não a concede, é por ser justo. De qualquer modo, ele não é obrigado a concedê-la. Concede-a porque quer, por livre vontade, não por alguma dívida para com as obras ou os méritos humanos. No fundo, as obras humanas não têm mérito algum, pois dependem sempre da graça divina. Não há mérito humano nas obras feitas antes da graça, nem nas obras cuja fonte primeira é a graça. Uma vez que é o próprio Deus quem opera em nós a justiça e a caridade — ainda que com o

---

[15] AGOSTINHO. *O espírito e a letra*, 29,51; 30,52; 32,56; Id. *A graça de Cristo*, 18,19 (Col. Patrística 12. São Paulo, Paulus, 1999. pp. 77ss; 83ss; 232s); Id. *A predestinação dos santos*, 8,13 (Col. Patrística 13. São Paulo, Paulus, 1999. pp. 166s).
[16] AGOSTINHO. *O espírito e a letra*, 34,60; 36,65; Id. *A natureza e a graça*, 31,35; 36,42; 42,49; 43,50 (Col. Patrística 12. São Paulo, Paulus, 1999. pp. 90s; 96ss; 144s; 151s; 159s); Id. *A graça e a liberdade*, 6,13; 16,32; 17,33; Id. *A correção e a graça*, 12,33-38 (Col. Patrística 13. São Paulo, Paulus, 1999. pp. 37s; 56ss; 117-126).

consentimento e a cooperação da vontade humana —, nossos próprios méritos são sempre fruto da graça e dos dons de Deus.[17] No fundo, tudo é graça. O ser humano, justificado, merece, sim, a vida eterna. E a merece em virtude de sua cooperação com a graça. Entretanto, repita-se: merece-a porque a graça divina lhe é anterior e totalmente gratuita, porque a graça possibilita-lhe a cooperação, estimula-o à obediência a Deus e capacita-o às boas obras.

9. A predestinação é absolutamente gratuita. É o ato pelo qual Deus conhece e decreta desde a eternidade a salvação de quem ele quis. O justo faz o bem e persevera até o fim, porque Deus, por um ato soberanamente livre, o escolheu com preferência a outros. Com efeito, como seqüela da queda de Adão, todos passaram a constituir a massa dos condenados. Do meio deles Deus escolhe um certo número, fixo, de eleitos que, mesmo extraviando-se no tempo, salvar-se-ão definitivamente. Em contrapartida, mesmo que não predestine ninguém para o pecado, Deus predestina os pecadores à morte eterna. Agostinho não nega a vontade salvífica universal de Deus, mas interpreta muito rigorosamente o ensino de 1Tm 2,3s, sublinhando dessa forma a eficácia da graça e sua gratuidade absoluta. Por causa dessa relevância dada à eficácia da graça, ele entende que a graça é negada a todos os que são deixados na massa dos condenados. A graça não pode ser gratuita se é oferecida e dada a todos os seres humanos. Ele percebeu o sentido profundo do pecado, da miséria do ser humano sem Cristo, de sua impotência e repugnância para o bem. É somente pela operação divina, no mais íntimo do ser humano, que este tem acesso à liberdade, à vida da caridade.[18]

Concluindo: Agostinho sublinha de tal modo a causalidade divina na obra da salvação que, mesmo não negando a contribuição da liberdade do ser humano, deixa-a, contudo, num plano inferior. A liberdade humana é vista na ótica de sua dependência da queda de Adão e do pecado de cada ser humano (hamartiocentrismo). Sua teologia é determinada pela insistência na *realidade infralapsária*, em que até mesmo a graça divina, isto é, a relação entre Deus e o ser humano, entre Deus e o mundo, é considerada *sob o regime do pecado*. Conseqüente com essa teologia hamartiocêntrica, irá salientar de tal modo sua teoria da predestinação salvífica de alguns poucos a ponto de pôr na sombra a vontade universal salvífica de Deus.

---

[17] AGOSTINHO. *O espírito e a letra*, 29,51; Id. *A graça de Cristo*, 31,34 (Col. Patrística 12. São Paulo, Paulus, 1999. pp. 77s; 246s); Id. *A graça e a liberdade*, 2,4; Id. *A predestinação dos santos*, 2,3; Id. *O dom da perseverança*, 6,10; 14,35; 21,55 (Col. Patrística 13. São Paulo, Paulus, 1999. pp. 28s; 151; 221s; 248s; 272s).
[18] AGOSTINHO. *A correção e a graça*, 7,11-16; 10,28; 13,39-42; Id. *A predestinação dos santos*, 10,19; 18,36; Id. *O dom da perseverança*, 14,35 (Col. Patrística 13. São Paulo, Paulus, 1999. pp. 95-100; 114; 126-130; 174s; 196ss; 248ss).

Sua teologia da graça, que pesou em toda a teologia e espiritualidade do Ocidente, é, por isso, diferente da teologia grega, marcada pelo cristocentrismo cósmico, pela contemplação da *realidade supralapsária ou antelapsária* (isto é, pelo regime da graça criacional, que é *superior e anterior ao pecado*).

O cristocentrismo cósmico, retomado na teologia moderna e no Concílio Vaticano II, considera que todas as criaturas — humanas ou não — estão marcadas, e de certo modo determinadas, desde antes do pecado humano e mais ainda depois dele, pela graça de Cristo. Dessa maneira, o cristocentrismo cósmico oferece um respiro mais amplo, é mais otimista e místico-sacramental; é mais apto para o diálogo do cristianismo com outras Igrejas, religiões e culturas.

Contudo, sem dúvida, para não cairmos no infantilismo ingênuo de não ver e não reconhecer o pecado do mundo e do ser humano, devemos sempre contrabalançar o cristocentrismo cósmico dos antigos Padres gregos e da moderna teologia católica com essa visão concreta, antropológica, ético-profética, realista de Agostinho. Afinal, quem não vê o pecado e não o reconhece, dele não se converte. Todos nós sabemos que, sem denúncia e reação ao mal, é impossível anunciar e construir o Reino do amor e da paz.

### 3. O PELAGIANISMO E O CONCÍLIO DE CARTAGO (418)

Estágio importante na história da teologia da graça foi a controvérsia pelagiana, resolvida com o Concílio de Cartago, em 418.[19] Pelágio, monge de origem irlandesa, asceta e diretor espiritual em Roma, ensinava que o ser humano pode cumprir os mandamentos de Deus por suas próprias forças, sem que para isso tenha necessidade de um auxílio divino interior. Distinguia três aspectos: *poder* ou liberdade, *querer* ou vontade, *fazer* ou execução.[20] O poder que temos de fazer o bem vem exclusivamente de Deus; é a graça por excelência. O querer e o fazer, isto é, o uso daquele poder, é assunto do ser humano. Nada pode alterar, limitar ou impedir a liberdade fundamental recebida do Criador; nem uma queda primitiva e anterior ao nascimento nem a existência de uma graça gratuita. Por isso, o mérito do ser humano reside na vontade e na boa obra. Mas esse mérito

---

[19] Ver: BAUMGARTNER, op. cit., pp. 101-105; COLLANTES, Justo. *La fe de la Iglesia Católica*; las ideas y los hombres en los documentos doctrinales del Magisterio. Madrid, BAC, 1984. pp. 181ss.
[20] A doutrina de PELÁGIO é conhecida por meio das obras de AGOSTINHO. Ver, por exemplo, *A graça de Cristo e o pecado original* (Col. Patrística 12. São Paulo, Paulus, 1999. pp. 199-317). A distinção pelagiana entre poder, querer e fazer é apresentada em: Id., ibid. I,4,5, (pp. 216s).

remonta a Deus, que deu ao ser humano a possibilidade da vontade e da obra, sempre auxiliada pela graça.

Entretanto, Pelágio não entende a graça como operação de Deus interior à vontade humana, e sim como auxílio externo que, tomando formas múltiplas, completa nosso *poder*, dom primeiro do Criador. Esse auxílio externo se constitui de: exemplo de Cristo, sacramentos do batismo, da penitência e da eucaristia, ensinamentos e doutrina cristã. Ele nos ajuda à medida que desvela os olhos de nosso coração, enquanto nos propõe as recompensas futuras para evitar que nos seduzam os prazeres da vida presente e conforme nos mostra as ciladas do demônio. Portanto, Pelágio rejeita a graça como auxílio interior, porque para ele a liberdade não está enfraquecida e debilitada pelo pecado.

Como se pode perceber, Pelágio esquece um aspecto central da doutrina bíblica paulina: a vida em Cristo e no Espírito. A religião acaba por se reduzir a uma relação moral e jurídica entre Deus e o ser humano, a qual consistiria na observância dos mandamentos divinos, apoiada pelos exemplos de Cristo e pelas promessas de recompensas eternas. Não há lugar para a humildade cristã nem para o sentido da fragilidade humana. A oração não é um ato de petição, mas apenas de adoração, com o fim de conhecer nossos deveres. O auxílio de Deus é supérfluo, uma vez que o podemos encontrar em nossas próprias forças.[21]

As teses de Pelágio são seguidas por outros teólogos, como Celestino e Juliano de Éclana, que são condenados por sínodos regionais e concílios provinciais, pelos papas Inocêncio I e Zózimo e, sobretudo, pelo Concílio de Cartago (418).

Depois de três cânones sobre o pecado original, o batismo das crianças e a sorte das crianças mortas sem batismo, o Concílio de Cartago rejeita as teses pelagianas e insiste na necessidade e no caráter interior da graça, nos seguintes termos: a) a graça da justificação não consiste apenas na remissão dos pecados já cometidos, mas é também um auxílio para não pecar mais; b) a graça de Cristo, que nos ajuda a não pecar, não só dá o conhecimento do bem a fazer e do mal a evitar, mas também o amor ao bem e o poder de exercê-lo; c) a graça da justificação não apenas torna mais fácil, mas, na verdade, sem ela não podemos cumprir os mandamentos divinos; d) os santos também são pecadores e, sem a graça de Deus, são impotentes para evitar o pecado.[22]

---

[21] Como vimos no capítulo primeiro, o pelagianismo assume hoje tipos modernos de ser: o individualismo da cultura moderna (eu sei, eu quero, eu posso, eu consigo, eu faço!); a auto-suficiência liberal-capitalista; a ambição do progresso absoluto; a ênfase no sucesso a todo custo; a pretensão do poder e do controle da mente; os movimentos neognósticos; o planejamento controlado; a moral do legalismo, ritualismo e juridicismo.

[22] DH 222-230; BAUMGARTNER, op. cit., p. 105.

## 4. O SEMIPELAGIANISMO E O II CONCÍLIO DE ORANGE (529)

Outra controvérsia foi a semipelagiana, resolvida no II Concílio de Orange, em 529.[23] Como vimos, Agostinho defendeu a gratuidade absoluta da graça: o início da fé e a boa vontade são dons de Deus; a graça, inteiramente gratuita, vem antes de todo merecimento humano.

Essa posição contraria os monges de Adrumeto (com Valentim à frente), de Marselha (Cassiano à frente), de Lérins (Vicente de Lérins e Hilário de Arles à frente) e outros franceses, bem como Vital, um leigo instruído de Cartago. Surge um movimento antiagostiniano, posteriormente conhecido como semipelagianismo (termo que surge apenas no século XVI), em defesa da liberdade humana.

Seus líderes se opõem ao agostinismo, argumentando: se não se pode ter boa vontade sem a graça, a liberdade fica destruída. Questionam seriamente: se Deus faz tudo em nós, de que adiantam suas repreensões e correções? Suas teses podem ser assim resumidas: a) Reagiam ao agostinismo estrito da doutrina da predestinação e da graça eficaz. b) Admitiam a necessidade da graça para os atos salutares e a existência do pecado original. c) Rejeitavam a doutrina da predestinação, na qual se via uma fonte de quietismo e desalento. d) Ensinavam, sobretudo, que Deus ama a todos e a todos oferece suas graças, indiferente e igualmente, e se, de fato, reparte com desigualdade seus dons, isso depende apenas da distinta maneira como os seres humanos os desejam e pedem. Fica, pois, Deus no aguardo da vontade dos seres humanos, que, por suas próprias forças, realizam o início da fé (*initium fidei*): o desejo da salvação, o chamamento do médico divino, a oração para alcançar a graça... e) Esclareciam, portanto, que a perseverança final é coisa do ser humano, e não dom especial de Deus. f) Explicavam que o início da fé é a própria fé, tal como existe em estado inicial no convertido (esta última afirmação é a mais problemática).[24]

Agostinho responde defendendo sua doutrina sobre o início da fé, a gratuidade da graça, a perseverança e a predestinação. Mas morre em 430. Próspero de Aquitânia, leigo, continua a luta de Agostinho, ao lado do papa Celestino, contra os franceses. Obtém do papa uma carta aos bispos franceses, em que se louva a doutrina de Agostinho e se adverte aos bispos seu dever de opor-se à agitação antiagostiniana.

Entre 435 e 442, sai o *Indiculus* (do papa Leão Magno ou mesmo de Próspero), cujo ensinamento pode ser resumido nestes cinco itens:

- É necessária a graça para o ser humano caído, para a perseverança do justo.

---

[23] Ver: BAUMGARTNER, op. cit., pp. 106-111.
[24] Id., ibid., p. 109.

- A graça liberta o livre-arbítrio.
- Nossa salvação, do princípio ao fim, é obra da graça de Cristo.
- A iniciativa da salvação de Deus vem antes de todos os merecimentos.
- Sem prejuízo de nossa liberdade, Deus opera em nós o querer e o fazer.[25]

Fausto de Riez, verdadeiro fundador do semipelagianismo, proveniente de Lérins, insiste nas idéias semipelagianas. Fulgêncio de Ruspe e, em especial, Cesário de Arles se posicionam a favor das teses agostinianas. Cesário preside ao II Concílio de Orange (529), em que o semipelaginanismo é definitivamente condenado.

O II Concílio de Orange consagra o agostinismo moderado, por meio de duas idéias básicas e de cinco afirmações doutrinais.

Suas duas idéias básicas são: a iniciativa da salvação vem de Deus; nenhum bem salvífico se dá sem a graça.

Suas cinco afirmações doutrinais são: a) As causas da necessidade da graça são o debilitamento da vontade humana em virtude do pecado e a própria condição criatural. b) A função da graça *antes* da justificação: dela vêm a oração, o desejo, a boa vontade, a preparação e o merecimento. c) A função da graça *na* justificação: repara, liberta, melhora. d) A função da graça *depois* da justificação: é necessária para fazer o bem, perseverar, viver as virtudes, viver em Cristo. e) A função universal da graça é a extensão de sua necessidade para evitar o mal e para fazer todo o bem.[26]

Assim, moderando o agostinismo estrito, o II Concílio de Orange rejeita formalmente o predestinacionismo ao afirmar que não há predestinação ao mal e reconhece que todos os batizados têm pleno e inteiro poder de se salvar, se quiserem, afirmando assim tanto a liberdade quanto a graça suficiente dada a todos os batizados.

## 5. O PREDESTINACIONISMO E O SÍNODO DE QUIERCY (853)

Na polêmica introduzida pelo semipelagianismo surgiu a questão da predestinação. Falseando a doutrina agostiniana pelo exagero do influxo da graça e pelo detrimento das obras e da liberdade humana, Lúcido, presbítero de Riez, ressaltou de tal maneira a doutrina da predestinação que punha em risco a vontade salvífica universal. Contudo, no sínodo de Arles, em 473, reconheceu seu erro, condenando a opinião que diz "que

---

[25] DH 238-249; BAUMGARTNER, op. cit., p. 110; COLLANTES, op. cit., p. 184.
[26] DH 370-397; BAUMGARTNER, op. cit., p. 111; COLLANTES, op. cit., pp. 185s.

uns estão destinados à morte e outros, à vida".[27] O assunto ficara, então, resolvido. No entanto, o erro do predestinacionismo voltou à baila no século IX, por obra de Gottescalco.[28]

Em Reims, Gottescalco dedicou-se a estudar santo Agostinho e são Fulgêncio de Ruspe e chegou às seguintes conclusões: a) Há duas predestinações: uma para a vida e outra para a morte. b) Deus não tem vontade salvífica universal: só quer salvar os predestinados. c) Nega-se, na prática, a liberdade humana. d) Não se admite que a redenção de Cristo se estenda aos não predestinados.

Uma vez aceita a doutrina da graça eficaz defendida por Agostinho, pergunta-se: por que nem todos recebem aquele chamado, cuja aceitação é certa que se dê? Agostinho havia firmado pé em dois pontos: Deus é justo, e Deus apieda-se de quem ele quer e não se apieda de quem ele não quer. Em conseqüência, como todos pertencem, por causa do pecado, à massa dos condenados (*massa damnata*), Deus salva apenas os que quer, apenas sem que possa ser considerado injusto.

Como se vê, a teologia da predestinação de Agostinho é enfocada infralapsariamente.[29] Ele se situa no contexto pós-pecado, numa concepção sub-pecado, e vê o ser humano sob o poder do pecado. Portanto, da massa da perdição Deus salva quem ele quer. Trata-se de uma concepção que se choca com a vontade salvífica universal de Deus (1Tim 2,4).

No sínodo de Quiercy (853), é apresentada a solução para o problema, com uma clara definição: "Deus onipotente quer que todos, sem exceção, se salvem (1Tim 2,4), embora nem todos se salvem. Que alguns se salvem, é dom daquele que salva. Que alguns se percam, é culpa de quem se perde".[30]

Essa definição permaneceu como baliza para toda a reflexão posterior. Todavia, nos séculos seguintes, voltou freqüentemente a pergunta: como garantir o primado absoluto da graça se, no fundo, depende do ser humano aceitar ou não a oferta salvífica de Deus? Ou, inversamente: como não atribuir a Deus a condenação, se os que se perdem não tiveram a graça especial suficiente? Sobre isso, França Miranda diagnostica: "Enquanto se permanece no enfoque proposto por santo Agostinho, não se consegue avançar".[31]

A questão só foi superada no século XX, com a contribuição dos teólogos Barth, Pannenberg e Rahner. Barth descobre que, na Escritura, a

---

[27] Id., ibid., pp. 560-562.
[28] Id., ibid., pp. 568-570.
[29] FRANÇA MIRANDA, Mário de. *Libertados para a práxis da justiça*; a teologia da graça no atual contexto latino-americano. São Paulo, Loyola, 1980. pp. 48-49.
[30] DH 621-624 (aqui: 623).
[31] FRANÇA MIRANDA, op. cit., p. 48.

eleição tem seu fundamento em Cristo. Assim, a dupla predestinação é falsa "porque: a) fala de Deus e do ser humano de um modo abstrato; b) sua perspectiva é individualista; c) não leva em consideração que toda eleição tem seu fundamento em Cristo". Portanto, "só em Jesus Cristo sabemos quem é o Deus que chama e quem é o ser humano que é chamado".[32] Pannenberg, por sua vez, insiste em que, na doutrina paulina, a predestinação aparece como manifestação da alegre certeza da salvação e não como expressão de um sombrio mistério. Rahner também reconhece que é impossível compreender a predestinação em nível teórico, preferindo a solução em nível existencial da esperança.

## 6. A DOUTRINA SOBRE A GRAÇA EM TOMÁS DE AQUINO

Santo Tomás de Aquino deu uma reviravolta na teologia da graça.[33] Até o século XII, por influência de santo Agostinho, a graça era pensada em relação à natureza histórica do ser humano, sobretudo em sua condição de pecado. Tomás adota a idéia aristotélica de natureza, em sentido metafísico e, portanto, em referência direta ao que é essencial ao ser humano, independentemente dos diversos estados concretos em que a natureza humana possa realizar-se. Com isso, ele pode distinguir entre fim natural e fim sobrenatural. O fim natural é proporcionado pelas forças do ser humano, é a felicidade terrena, pura e simples. O fim sobrenatural ultrapassa as forças naturais do ser humano e de toda criatura, é a bem-aventurança perfeita.

O contexto em que viveu e as influências recebidas fizeram de Tomás um homem menos problematizado em relação ao pecado humano. De um lado, vivenciou o fervor religioso e reformador, expresso seja nas heresias, seja nas fundações de grandes ordens — franciscanos e dominicanos. Do outro, experimentou o ambiente autônomo das universidades, o vigoroso movimento cultural que se difundia delas para a sociedade, o apreço pelo potencial da inteligência humana, o encontro com a filosofia árabe e judaica, o fascínio pela filosofia aristotélica, o fervilhar de ideais sociais e políticos da alta escolástica. Tudo isso levou Tomás a considerar mais positivamente o ser humano em sua relação com a graça divina.[34] Assim, em vez de partir da condição humana pecadora, Tomás vai mais adiante e parte do ser humano como criatura. Agostinho insistira na redenção em Cristo, explicitando-a como condição de recuperação da integridade humana, perdida por causa do pecado. Tomás insiste na criação, no ser

---

[32] Id., ibid., p. 49.
[33] Ver: BAUMGARTNER, op. cit., pp. 112-135.
[34] STACCONE, Giuseppe. *Filosofia da religião*; o pensamento do homem ocidental e o problema de Deus. Petrópolis, Vozes, 1989. pp. 56-57.

humano como criatura de Deus, chamado a realizar-se no encontro com a felicidade eterna, junto do próprio Deus.

Desse modo, Tomás de Aquino construiu uma teologia da graça criada da graça humana, da graça no ser humano. É preciso, porém, considerar que a graça criada provém do amor de Deus, pois

> se ele [Tomás] ressalta assim o aspecto antropológico, não se pode concluir que perdesse de vista a noção paulina, mais teocêntrica, de cháris, que significa o amor, a benevolência de Deus para com o ser humano [...] [pois, pelo fato de ele ter] plena consciência da transcendência criadora desse amor, sublinha com tanta insistência os bens que dele emanam para a criatura.[35]

Ao retomar a teologia da criação, Tomás tem como ponto de partida para sua teologia da graça não o ser humano pecador, como fez Agostinho, mas o ser humano criado. Como criatura, o ser humano tende naturalmente para Deus.

Podemos sintetizar a teologia da graça de Tomás de Aquino nas seguintes teses:

1. O ser humano é criado por Deus e para Deus. Há nele, como dom criado, uma tendência para Deus, um desejo de Deus.

2. A natureza humana é apenas o pressuposto ontológico da visão para a qual foi criada; portanto, o ser humano só pode receber a bem-aventurança perfeita como um dom de Deus, porque só Deus a possui por natureza. É Deus mesmo que torna o ser humano feliz, se e quando esse ser humano se converte a ele.

3. Quanto ao pecado original, este não mudou em nada a vocação sobrenatural do ser humano, que continua ordenado ao seu fim último: a felicidade eterna em Deus. Mas o pecado original privou o ser humano dos meios que o conduziam eficaz e livremente a esse fim. O ser humano pecador é um ser ferido, a quem a graça de Cristo terá de sanar e elevar.

4. Sem a graça sanante ou medicinal, que é, na verdade, a graça santificante ou justificante, que cure as forças debilitadas do ser humano, este é impotente para manter uma atitude e uma conduta plenamente morais e, portanto, meritórias do fim sobrenatural. O infiel — diferentemente de como ensinava Agostinho no final da vida — pode realizar ações boas, tais como: edificar casas, plantar vinhas, beber, comer, ter amigos, conservar a cidade, ajudar os pais, pagar as dívidas. Essas ações, embora não ordenadas, pela fé e pela caridade, ao fim sobrenatural, são a ele ordenáveis, pois, pela repetição de ações boas, o ser humano pode adquirir virtudes, como a paciência e a prudência. De qualquer modo, sem

---

[35] BAUMGARTNER, op. cit., p. 118.

a graça sanante ou medicinal ou santificante, o ser humano não tem condições de amar a Deus sobre todas as coisas e é, por isso, impotente para a observância dos preceitos morais e para a resistência às tentações.

5. Mesmo que o ser humano não tivesse pecado, ele precisaria da graça. Pois ele é criatura e, como tal, embora sua natureza esteja ordenada para a vida eterna, não pode alcançar o seu fim último, que é a vida eterna. Assim, se ao ser humano como pecador a graça de Deus se apresenta como sanante, ao ser humano como criatura a graça divina se manifesta como elevante. Só pelos meios naturais, o ser humano não pode produzir obras meritórias proporcionadas à vida eterna. Para isso, ele precisa absolutamente de uma força superior, a força da graça elevante. Desse modo, a natureza humana curada pela graça é, ademais, elevada para além de si. Esse dom de sublimação, de exaltação, é um princípio criado, sobrenatural, acrescentado, que transforma e diviniza o ser e a atividade naturais.

6. O amor de Deus produz o bem das criaturas. E conforme a diferença desse bem, considera-se diferente o amor de Deus pela criatura. Há o amor comum, pelo qual Deus ama todas as coisas criadas. Mas há também o amor especial, pelo qual Deus eleva a criatura racional, o ser humano, acima da condição de sua própria natureza, para fazê-lo participar do bem divino. "Segundo esse amor, diz-se que Deus ama a alguém simplesmente, sem restrição, pois, segundo esse amor, Deus quer simplesmente para a criatura o bem eterno, que é ele mesmo. Assim, pois, ao dizer que o ser humano possui a graça de Deus, quer-se dizer que há nele algo sobrenatural que provém de Deus."[36]

7. Por causa desse modo próprio de Deus agir, há uma estreita solidariedade entre o dom incriado e o dom criado. O amor leva Deus a dar-se a si mesmo à criatura, donde se conclui que há nela uma realidade criada sobrenatural, uma qualidade sobrenatural, uma nova maneira de ser, um ser divino, um ser sobrenatural. Essa realidade é a graça criada, que pode ser entendida como uma união imediata da inteligência humana com a essência divina. É pelo ato de conversão que se cumpre a obra da justificação e é por esse ato que Deus opera em nós, para que o amemos livremente — como ensinara Agostinho. No entanto, para que esse ato de conversão, suscitado por Deus, emane verdadeiramente de nós e seja plenamente nosso, é preciso que sejamos transformados no mais profundo de nosso ser, não só em nossas qualidades espirituais, mas também em nossa própria essência. Essa transformação profunda de nosso ser é propriamente a graça habitual. Na alma humana, ela se expande nas virtudes infusas da fé, esperança e caridade, e nos dons do Espírito Santo.

---

[36] Tomás de Aquino. *Suma Teológica*. I-II q. 110 a. 1.

8. A graça criada é efeito, no ser humano, do amor de Deus. Essa graça tem de particular e significativo que, nela e por ela, o Espírito Santo vem a nós para santificar a criatura racional; o Filho e o Espírito Santo são enviados invisivelmente à alma. Pela graça criada, as três pessoas divinas se dão à alma humana, fazem-se presentes nela segundo um novo modo de ser e são possuídas por ela. Toda a Trindade vem e habita no justo. "Se alguém me ama, guardará a minha palavra; meu Pai o amará, e nós viremos e nele faremos nossa morada" (Jo 14,23).

9. A processão eterna das pessoas divinas é a razão tanto da produção das criaturas quanto do retorno destas ao seu fim. Assim como o Pai nos criou pelo Filho e pelo Espírito, também pelo Filho e pelo Espírito nos unimos ao fim último, que é o Pai. A vinda do Espírito Santo a nós, sua processão temporal, se dá segundo a graça criada e inclui em si a doação do próprio Espírito Santo. Há uma nova relação da criatura humana com o Espírito Santo, reconhecido como uma pessoa divina possuída pela criatura humana. A posse humana de uma pessoa divina, por paradoxal que pareça, só é possível de duas maneiras: a posse perfeita no dom da glória e a posse imperfeita no dom da graça santificante. Assim, a pessoa divina é possuída como aquilo para o qual nos unimos, como o princípio da conjunção com o nosso fim. Por isso, o Espírito Santo é chamado "garantia da nossa herança" (Ef 1,14).

10. Com as processões temporais do Filho e do Espírito Santo, essas duas pessoas divinas são enviadas pelo Pai a nós. Sendo enviadas a nós, passam a existir de maneira nova na vida dos seres humanos que as acolhem na ordem da graça e, por outro lado, enquanto se nos entregam, são, por sua vez, possuídas por nós. É o que significa o advento de Deus ou in-habitação[37] de Deus no coração dos santos. Como o envio supõe uma autoridade que envia, o Pai, que é o centro da vida divina, não é enviado; ele é quem envia as outras duas pessoas divinas. Mas, como o Pai está todo no Filho e como um e outro estão no Espírito, o Pai também, pela obra da encarnação do Filho e pelo pentecostes do Espírito, vem a nós e habita em nós. Assim, o advento e a in-habitação convêm a toda a Trindade. É Deus, na plenitude de sua comunhão trinitária, que habita na alma dos justos. A graça criada da santificação ou aperfeiçoamento da criatura racional se faz acompanhar da graça incriada, que é o dom da própria pessoa divina do Espírito Santo e, nele, o dom de toda a Trindade.

---

[37] Preferimos o termo composto "in-habitação" ao termo comum inabitação, por causa da ambigüidade deste último. Pois o prefixo "in", além de apontar para o advérbio "dentro de", é mais comumente usado com o significado de negatividade, como, por exemplo, em infinitude, imensidão, infalibilidade. Por esse caminho, alguém poderia falar de inabitação exatamente no sentido oposto ao que queremos indicar. Em vez de "habitar em", pode-se erroneamente entender "não habitar".

Pois, como diz a Escritura, "o amor de Deus foi derramado em nossos corações pelo Espírito Santo que nos foi dado" (Rm 5,5).[38]

11. Há, assim, uma íntima relação da graça com as pessoas divinas. Como são distintas as pessoas divinas do Filho e do Espírito Santo, também o são suas missões. Com o Filho nos é dado o dom da sabedoria, pois ele é a Palavra, a visível "imagem do Deus invisível" (Cl 1,15), o revelador do Pai. Com o Espírito Santo nos é dado o dom do amor, pois ele é o laço de amor entre o Pai e o Filho. Desse modo, embora as duas missões sejam distintas, são inseparáveis, pois uma e outra estão ordenadas a um só fim último, que é a união com Deus. Entretanto, o efeito delas se diferencia segundo as duas faculdades que se dão no ser humano e o unem a Deus: a inteligência, a sabedoria, e o afeto, o amor.

12. A conclusão desse engajamento das pessoas divinas com o ser humano é a filiação adotiva. Adotar todos os seres humanos como filhos e filhas de Deus convém a toda a Trindade. A filiação adotiva dos seres humanos é uma analogia com a filiação eterna do Filho. Assim, "o ser humano é assimilado ao esplendor eterno do Filho pela claridade da graça, que é atribuída ao Espírito Santo. Por isso, mesmo que a adoção seja comum a toda a Trindade, se apropria ao Pai como a seu autor, ao Filho como a seu exemplar, ao Espírito Santo como ao que imprime em nós a similitude desse exemplar".[39]

13. Toda a graça deriva da humanidade glorificada de Cristo. Ele recebeu do Pai a plenitude da graça, possuindo-a em perfeição e totalidade. Como ser humano por excelência, o novo e verdadeiro Adão, ele é, para nós, a fonte de toda a graça. Sua graça pessoal é uma graça de chefe, como cabeça da humanidade (*gratia capitis*). Assim, seja como Deus, seja como homem, ele nos dá o Espírito Santo. A graça das virtudes e dos dons, que nos levará à beatitude da vida eterna, é uma participação na plenitude da graça de Cristo por meio dos sacramentos. Desse modo, a graça cristã faz com que a atividade humana, natural, seja proporcionada à salvação eterna, ao fim, sobrenatural. Por isso, há apenas uma espécie de graça para a humanidade: aquela que, resgatada por Cristo, possa retornar a Deus, participar da natureza divina. Assim, a graça é o sentido último da criação.

Como se pode perceber, há na teologia tomista um resgate do cristocentrismo, como perspectiva que une a obra da redenção à obra da criação. Nesse quadro, o horizonte é mais amplo que o do hamartiocen-

---

[38] Para este tema das missões divinas e da in-habitação da Trindade em nós, ver: TOMÁS DE AQUINO. *Suma teológica*, Parte I, questão 43, artigos 1 a 8 (São Paulo, Loyola, v. I, pp. 677-693). Ver também: BINGEMER & FELLER, *Deus Trindade;* a vida no coração do mundo, cit., p. 107s.
[39] BAUMGARTNER, op. cit., p. 132.

trismo agostiniano e sua conseqüente insistência na teologia da redenção. Há também mais espaço para uma reflexão trinitária sobre a graça, vista não somente como obra do Cristo morto na cruz, mas de toda a Trindade, que age na vida da humanidade, desde a criação até o retorno a Deus, na felicidade eterna.[40]

Todavia, apesar de, em geral, ter havido grande influência de Tomás de Aquino sobre a teologia posterior, sua teologia da graça, em particular, não teve o mesmo alcance. Pode-se dizer que os tempos não estavam maduros para uma teologia da graça cristocêntrica, trinitária e criacional. Dois fatores podem ser lembrados como causa da escassa repercussão concedida à teologia da graça de Tomás de Aquino: a reação ao racionalismo e a condenação das teses protestantes. De um lado, a exacerbação da razão e da liberdade humana, por obra de Descartes e do racionalismo moderno, levará a Igreja a afastar-se vagarosa, mas decididamente, das grandes opções feitas pelo ser humano moderno: a autonomia da criação, o valor da liberdade, a busca da felicidade. De outro, a insistência na degeneração da liberdade humana, por obra de Lutero e da Reforma Protestante, levará a Igreja a insistir nos meios humanos da salvação; não, porém, nos meios criacionais e antropológicos, mas nas mediações eclesiásticas: a instituição hierárquica, os ritos sacramentais, a prática moral.

De qualquer modo, a distinção tomista entre fé e razão, entre revelação e criação, feita, contudo, na unidade da proveniência do mesmo e único Deus e na orientação para esse Deus, veio a influenciar fortemente a posição da Igreja na polêmica com a Reforma Protestante. Com efeito, em reação às concepções pessimistas que os reformadores tinham sobre o ser humano e sua liberdade, sobre a natureza humana e a criação, a Igreja Católica retomou as concepções tomistas:

> Ela distinguiu a ordem da revelação da ordem da natureza e da razão, e afirmou a harmonia entre essas duas ordens. E, ao contrário de certas tendências protestantes, não sustentou que a ordem natural e a razão tivessem sido viciadas pelo pecado original. Segundo a concepção católica, o pecado original não tornou a consciência humana incapaz de discernir entre o bem e o mal nem de conhecer as normas morais. A posição tomista teve para a Igreja a imensa vantagem de reconhecer os direitos da razão e a capacidade do ser humano de se orientar a partir de sua consciência moral.[41]

Na verdade, contudo, somente no século XX, em resposta ao convite de Leão XIII para que se retomasse a teologia perene de Tomás de Aquino, é que a teologia tomista da graça passa a ser devidamente valorizada.

---

[40] Ver: BINGEMER & FELLER, op. cit., pp. 76-94.
[41] VERGOTE, Antoine. *Modernidade e cristianismo*; interrogações e críticas recíprocas. São Paulo, Loyola, 2002. p. 83.

Primeiramente por Henri de Lubac, no livro *Surnaturel*; por fim, pelo Concílio Vaticano II, na constituição pastoral *Gaudium et spes* [As alegrias e as esperanças]. Fica, então, claro o que era central na teologia de Tomás de Aquino: a graça supõe e aperfeiçoa a natureza; a redenção assume e aperfeiçoa a criação; não há contradição entre salvação e criação; não há incompatibilidade entre a graça de Deus e a razão e a liberdade humanas.

## 7. A JUSTIFICAÇÃO EM LUTERO

Lugar central da história da teologia da graça é ocupado pela polêmica instaurada por Lutero e sua doutrina da justificação. Em resposta a Lutero e a outros reformadores, o Concílio de Trento elaborou também sua doutrina da justificação e a apresentou como definição dogmática para toda a Igreja Católica. De modo que, neste item e no seguinte, iremos tratar de ambas, da concepção ao mesmo tempo oposta e complementar que Lutero e Trento têm a respeito da nossa justificação. Como católicos, nossa postura será evidentemente católica, na fidelidade à grande tradição cristã que, como julgamos, foi defendida e fortalecida, contra as propostas dos reformadores que faziam uma opção perigosa por uma parcela da verdade. Por outro lado, como cristãos dispostos ao ecumenismo, reconhecemos valores na insistência luterana nessa parcela da verdade que não estava sendo devidamente realçada pela Igreja da época.[42]

Há diversos fatores que explicam a posição de Lutero.[43] De temperamento angustiado, não conseguia encontrar a paz de espírito nem nos sacramentos, nem na oração, nem na direção espiritual. Ansioso pela santidade, não conseguia vencer as tentações, percebendo sua profunda pecaminosidade e sua impotência para vencê-la. Mergulhado em meio a um turbilhão de exigências morais — práticas sacramentais, obediência à hierarquia, indulgências, devoções — que, em vez de facilitarem o acesso à graça, haviam-se tornado expressões de materialismo e de simonia, buscava insistentemente o essencial da graça, sem necessidade de mediações humanas. Membro da ordem dos agostinianos, era profundo conhecedor de santo Agostinho, como uma importante fonte teológica

---

[42] Ver: IGREJA CATÓLICA ROMANA E FEDERAÇÃO LUTERANA MUNDIAL. *Declaração conjunta sobre a doutrina da justificação*, Augsburgo, 31 de outubro de 1999, nn. 40-41: "A compreensão da doutrina da justificação exposta desta declaração conjunta mostra que entre luteranos e católicos existe um consenso em verdades básicas da doutrina da justificação [...]. Por isso, as formas distintas pelas quais luteranos e católicos articulam a fé na justificação estão abertas uma para a outra e não anulam o consenso nas verdades básicas [...]. A doutrina das Igrejas luteranas apresentada nesta declaração não é atingida pelas condenações do Concílio de Trento. As condenações contidas nos escritos confessionais luteranos não atingem a doutrina da Igreja Católica Romana exposta nesta declaração" (Brasília/SãoLeopoldo/São Paulo, Edição CONIC/Sinodal/Paulinas, 1999. p. 23.).
[43] FRANÇA MIRANDA, op. cit., p. 90; BAUMGARTNER, op. cit., pp. 137-143.

não-escolástica para sua reação ao nominalismo. Estudioso das Escrituras, nelas buscava resposta segura para suas aflições.

Faz então sua profunda experiência mística, ao ler Rm 1,17: "Nele [no Evangelho] se revela a justiça de Deus, que vem pela fé e conduz à fé, como está escrito: 'o justo viverá pela fé'". Experimenta, aí, uma grande alegria: descobre que a justiça de Deus não é vindicativa, mas salvífica; reconhece que o ser humano, mesmo sendo pecador, pode simplesmente confiar na graça de Deus, o qual lhe imputa a justiça de Cristo; encontra sua procurada certeza de estar bem com Deus. Passa a elaborar sua doutrina da justificação.

Na prática, inicia pela crítica severa às mediações e instituições da graça, que em sua época estavam deveras corrompidas e degeneradas: a própria instituição eclesiástica, o sacerdócio, o papado romano, os sacramentos, a missa, as indulgências, o culto às relíquias, a devoção aos santos etc.

Nas discussões teológicas, tem uma relação esquizofrênica com o nominalismo de Occam (†1349) e de Gabriel Biel (†1495), da decadente escolástica. O nominalismo faz uma distinção arriscada no poder de Deus, na disposição de sua graça; distingue poder de direito (*potentia absoluta*) e poder de fato (*potentia ordinata*). Assim Baumgartner sintetiza essa doutrina:

> De fato, Deus não aceita a alma sem a graça criada, sem a caridade infusa. De direito, poderia fazê-lo. De fato, a caridade exclui o pecado; de direito, poderia não excluí-lo. De fato, não merecemos sem a caridade; de direito, o ato moral e a aceitação divina bastariam para merecer a vida eterna. De potentia absoluta, Deus pode justificar o ímpio sem fazê-lo interiormente justo, sem a caridade informante. De potentia ordinata, Deus decidiu não agir assim. Graças a essa distinção entre o fato e o direito, a teoria nominalista da justificação está em dia com a fé. Mas, se a ortodoxia é salva, é unicamente por uma teologia da aceitação divina [...] que terá sua parte de culpa na gênese da teoria luterana da justificação.[44]

De um lado, Lutero reage com rigor ao nominalismo, porque este supervalorizava a liberdade humana, dando importância demasiada aos atos bons naturais, apreciados como removedores dos obstáculos à graça. O otimismo da antropologia nominalista, que concede muito às forças naturais do ser humano, explica a reação violenta de Lutero, no sentido de um pessimismo radical. Do outro lado, reconhece como válida no nominalismo a teoria da aceitação divina, que servirá de base para a sua concepção de justificação forense ou jurídica: não interessa o que de fato somos e o que fazemos; é Deus quem nos aceita e nos declara justos; em todos os casos, basta a fé fiducial para ser aceito por Deus. É o chamado extrinsecismo protestante.

---

[44] BAUMGARTNER, op. cit., p. 139.

Lutero opõe-se também ao humanismo de Erasmo de Rotterdam (†1536), que defendia a liberdade humana precisamente como a capacidade soberana do ser humano de se voltar à salvação. Erasmo abriu polêmica contra a doutrina luterana, com o escrito *Diatribae de libero arbitrio*, pondo-se contra a negação da livre vontade humana, ensinada por Lutero. Este, por sua vez, respondeu com o tratado *De servo arbitrio*.

Lutero elabora sua doutrina da justificação pondo o tema no centro da pauta teológica da época, estabelecendo-o como o artigo central da fé, o artigo pelo qual a Igreja fica de pé ou cai (*articulus stantis aut cadentis Ecclesia*). Sua doutrina da justificação pode ser resumida com o uso do advérbio *só* (o latino *solus*),[45] no qual se identifica a radicalidade de Lutero, sua opção por um dos pólos da verdade integral e, portanto, sua dificuldade em manter a tensão entre graça e liberdade, que é o paradoxo escandaloso da fé cristã:

1. A justificação é, de um lado, a não-imputação do pecado e, do outro, a imputação da justiça de Cristo. É, portanto, ação de Deus, e não do ser humano. *Somente Deus, somente Cristo, somente a graça divina* (*solus Deus, solus Christus, sola gratia*) podem realizar a obra da justificação do pecador. A justificação é teológica, não antropológica. Nada cabe à liberdade humana, que apenas recebe a graça da justificação.

2. Nenhuma obra humana pode preparar ou realizar a justificação. Esta acontece somente pela fé. *Somente a fé* (*sola fides*), a qual é dom de Deus e não obra humana, leva à justificação. Na obra da justificação, nada cabe às obras humanas e às mediações eclesiásticas — mandamentos, sacramentos, prescrições morais e canônicas etc. —, as quais passaram a ser vistas como intermediários que põem obstáculos ao relacionamento direto do cristão com Deus. Podem tornar-se não somente inúteis, mas até motivo de orgulho e, por isso, perigosas. Mas também é verdade que a fé nunca está só. Ela deve ser ativa, acompanhada e seguida pelas obras; estas são fruto e testemunho da fé.

3. No mesmo sentido, o lugar da experiência direta do amor e da graça de Deus é a Escritura. *Somente a Escritura* (*sola Scriptura*) contém a história da revelação de Deus e da salvação humana. Somente na Bíblia se encontra a certeza de ser amado, perdoado e justificado por Deus, em Cristo. Nada cabe à Igreja, em sua tradição e magistério, em suas instituições e estruturas, que também podem tornar-se obstáculos à experiência da graça.

4. Em coerência com a exaltação da ação de Deus, concebe-se o ser humano como ser totalmente desfigurado, degenerado pelo pecado.

---

[45] Só Deus, só Cristo, só a graça, só a fé, só a Escritura: são os pilares sobre os quais se assenta a doutrina luterana. A doutrina católica, firmada no Concílio de Trento, inclui, junto de Deus, o ser humano; junto de Cristo, a Igreja e os santos; junto da graça, a lei; junto da fé, as obras; junto da Escritura, a Tradição.

Desde o pecado original, ele pode ser identificado com o próprio pecado. Há uma identificação entre concupiscência e pecado. Embora a expressão *só o pecado* (*solus peccatus*) não tenha sido usada por Lutero, como o foram as três anteriores, bem pode ela servir para explicar sua pessimista antropologia. O ser humano é só pecado, não há resquício de bondade em seu coração. O pecado original, identificado com a concupiscência que o batismo não apaga, corrompeu a natureza humana de modo radical e irremediável.

5. Uma vez que o pecado original é identificado com a concupiscência e que esta está sempre presente no coração humano, há que se lembrar que o ser humano é sempre e necessariamente pecador. O ser humano só tem liberdade para as coisas terrenas, políticas e sociais, mas não para as coisas que dizem respeito à sua salvação. Em matéria moral e religiosa, ele não tem liberdade. O ser humano caído é pecador em seu próprio ser e em todas as suas ações. Dada, pois, a corrupção total de sua liberdade, o ser humano nada pode fazer por sua salvação. Tudo, então, é graça de Deus. A remissão dos pecados consistirá só em que o pecado não é imputado. Em vez do pecado, é a graça de Deus que é imputada, ato de uma declaração de Deus que simplesmente decide que o pecador está salvo.

6. Assim, a justificação é declaratória, jurídica, forense. O ser humano, mesmo permanecendo pecador no seu interior, é declarado justo, ou seja, ser humano justificado é, ao mesmo tempo, pecador e justo (*simul justus et peccator*). É justo por obra de Deus, porque Deus, a partir de fora e por pura gratuidade, assim o declara; e é pecador, porque dentro de si mesmo nada acontece, uma vez que a própria liberdade nada pode fazer pela própria salvação.

Não se entenda a teoria luterana da justificação como se fosse um produto espontâneo, fruto unicamente da prática e do pensamento de Lutero. Sua doutrina não deve surpreender. Além de sua experiência religiosa peculiar, é preciso considerar a mentalidade teológica da época e os ideais reformistas. Uma nova interpretação dos acontecimentos reformistas da Igreja do século XVI assegura:

> A Reforma não introduziu as inovações comumente atribuídas a ela: não rachou uma Igreja monolítica; não introduziu heresias inéditas; não gerou as primeiras igrejas nacionais. Em vez de ser um novo ponto de partida na história da Igreja, derivou de tradições vindas de longa data, uma forma de diversidade já antiga [...]. Lutero foi o representante da elite cristã da época, sem distinções de denominação, ao dizer que "um assentimento consciente e informado" ao chamado da fé era necessário à salvação. Aguçar tal consciência, expandir essa informação e aperfeiçoar esse assentimento eram os projetos comuns das Igrejas em ambos os lados da linha divisória da Reforma.[46]

---

[46] FERNÁNDEZ-ARMESTO, Felipe & WILSON, Derek. *Reforma*; o cristianismo e o mundo 1550-2000. São Paulo/Rio de Janeiro, Record, 1997. pp. 21-22.

No caso da doutrina luterana da justificação é preciso ainda considerar que ela foi sendo elaborada, de um lado, com a colaboração de Melanchton (†1560) e, do outro, no enfrentamento das reações do magistério eclesiástico às doutrinas dos reformadores. É possível que sua doutrina sobre a justificação como obra somente de Deus tenha-se constituído assim tão radical precisamente por sua insistência naquilo que não era devidamente tomado em consideração nas práticas espirituais, nas teorias teológicas e nos ensinamentos pastorais da época.

Isso considerado, é possível que ao final se chegue a uma concepção por demais extrinsecista, forense, jurídica da justificação, algo que não era contemplado, inicialmente, na experiência e no pensamento do próprio Lutero. Os estudos históricos sobre a polêmica estabelecida entre a doutrina dos reformadores protestantes e a doutrina do Concílio de Trento estão a mostrar que, entre ambas, há mais semelhanças que diferenças. Com efeito, é sobre essas conclusões históricas que se funda hoje todo o empenho ecumênico nas relações entre católicos e protestantes.[47]

De qualquer forma, o magistério eclesiástico já se havia posicionado diante do perigo do naturalismo, de uma religião por demais humanista, de um otimismo que punha toda a confiança na liberdade humana. O pelagianismo não era mais, ao menos em termos teóricos, um risco para a fé. O que agora parecia pôr em risco a fé cristã, em sua doutrina e em sua prática, era precisamente o contrário: a negação da liberdade humana, o pessimismo radical. Havia no ar algo que contrariava a bondade radical da criação e do coração humano. Era preciso enfrentar o perigo.

## 8. O CONCÍLIO DE TRENTO: A DOUTRINA DA JUSTIFICAÇÃO

A reação do Concílio de Trento (1545-1563) à doutrina de Lutero e dos demais reformadores não pode ser considerada um ato decisório de simples condenação. É com a intenção pastoral e catequética de defender e esclarecer a fé do povo diante de possíveis perigos e radicalismos que o Concílio pretende expor claramente, embora não de modo exaustivo, a doutrina bíblica e tradicional sobre o tema que havia sido colocado em pauta: a questão da justificação. Considerando que Trento quis vir em ajuda das comunidades ameaçadas pelos ideais reformistas, podemos entender "uma certa unilateralidade na doutrina católica sobre a justificação".[48]

Na verdade, essa unilateralidade é mais perceptível na recepção do que nos textos do Concílio. O receio de que a doutrina teológica da justificação pela graça divina e pela fé fiducial produzisse relaxamento moral levou os

---

[47] IGREJA CATÓLICA ROMANA E FEDERAÇÃO LUTERANA MUNDIAL. *Declaração conjunta sobre a doutrina da justificação*, n. 13.
[48] FRANÇA MIRANDA, op. cit., p. 91.

padres conciliares e, principalmente, os responsáveis pela doutrina e pela disciplina da Igreja a insistirem, ainda mais, nas mediações humanas. Não tanto como valorização da liberdade humana, como ela viria a ser exaltada pela modernidade, então em fase de germinação, mas sobretudo como convalidação da disciplina eclesiástica, na forma das instâncias dogmáticas, morais, rituais, jurídicas, pelas quais, infelizmente, é mais conhecido esse Concílio.

Numa análise mais restrita dos próprios textos, percebe-se o equilíbrio próprio dos documentos magisteriais. O Concílio de Trento, na sua doutrina sobre a graça — o *Decreto sobre a Justificação* (1547) —, propõe uma visão equilibrada entre graça e liberdade, entre a oferta divina e a tarefa humana. Dessa maneira, ele afirma peremptoriamente que, de fato, a salvação vem somente de Deus. Mas, como o pecado não corrompeu de vez a nossa dignidade e liberdade, a graça de Deus, entrando em nós, opera a salvação a partir de dentro e com a nossa cooperação, pessoal e comunitária.[49]

O *Decreto sobre a Justificação*,[50] que recebeu só um voto contrário, consta de um prólogo, 16 capítulos e 33 cânones, e se desenrola conforme o seguinte esquema: o ser humano antes da justificação (cc. 1-6), o processo da justificação (cc. 7-9) e a situação do ser humano já justificado (cc. 10-16). Sua doutrina poderia ser assim resumida:[51]

1. Assume a postura antipelagiana do decreto tridentino sobre o pecado original, publicado um ano antes, em 1546, reiterando que a natureza e a lei humanas são incapazes de justificar o pecador. Rejeita-se também a tese luterana do servo arbítrio. Afirma-se que o livre-arbítrio, apesar de atenuado, desviado e desfocado de seu objetivo que é Deus, não se extinguiu. Contra Lutero, assevera-se: o ser humano continua livre; mas, contra Pelágio, garante: o ser humano não tem condições, pelo próprio esforço, de alcançar a salvação. Assegura-se, com isso, o equilíbrio cristão entre a primazia da graça divina e o valor da liberdade humana.

2. A salvação se dá em e por Cristo, mediante o batismo. Contudo, não sem a livre cooperação humana. Rejeita-se um papel puramente passivo do ser humano, embora se reconheça que a cooperação humana só é possível pela graça de Deus, o qual estimula e ajuda para que se produzam, sem méritos próprios, a resposta e a livre colaboração humanas:

> O ser humano, também o pecador, está permanentemente diante de Deus como sujeito responsável, não como simples objeto inerme; é sempre pessoa, e não coisa. O trato que Deus lhe dispensa respeitará sempre essa estrutura básica da condição

---

[49] COLLANTES, op. cit., pp. 186-190.
[50] DH 152-1583.
[51] Para esta síntese, seguiremos: RUIZ DE LA PEÑA, Juan L. *O dom de Deus*; antropologia teológica. Petrópolis, Vozes, 1997. pp. 273-281.

*humana. Do contrário, Deus não respeitaria sua própria criação. A prioridade da graça divina é indiscutível e absoluta, mas não comporta a anulação — nem supõe a inexistência — da liberdade humana.*[52]

Portanto, em uma tensão dialética, não se pode ter só a graça, nem só a liberdade, mas lembrando que o pólo determinante cabe à primeira.

3. A liberdade humana, movida pela graça, dispõe-se à etapa preparatória para a justificação. O temor de Deus, não o servil, mas o filial, afasta-nos ativamente do pecado e nos faz sofrer por causa dele. A preparação para a justificação é um processo dinâmico, um movimento, uma mobilização do coração humano que leva o pecador a Deus.

4. A justificação do pecador é obra de Deus e compreende um duplo aspecto: remissão dos pecados e renovação interior do ser humano. Assim, a justificação não é apenas forense, jurídica, extrínseca, declaratória, como se poderia depreender da doutrina luterana. A justificação é obra divina, sim, mas produz uma alteração real e interna no coração do pecador. É, pois, efetiva, intrínseca, antropológica. Ela produz mudanças no coração humano e altera a liberdade humana, livrando-a de seus apegos ao pecado, para orientá-la ao bem, pois, se a ação da graça divina não modificasse a liberdade humana, e se esta não fosse saneada, recriada e transformada, a ponto de aderir ao bem..., então, "a graça poderia menos que o pecado, não seria a potência recriadora e saneadora que nos revela a Escritura".[53] Se a salvação é obra da gratuidade de Deus, é também resposta agradecida do ser humano que aceita a salvação e a faz acontecer para si e para os irmãos e irmãs. De fato, a fé opera pela caridade (Gl 5,6); a fé sem obras é morta (Tg 2,17); o mesmo Deus opera o querer e o fazer (Fl 2,13). Por isso, é preciso fazer penitência e voltar às primeiras obras (Ap 2,5), porque a observância dos mandamentos é condição para entrar na vida eterna (Mt 19,17) e a união com Cristo se dá na união com os irmãos (Ef 4,15-16; Jo 15,5). Enquanto Lutero insistia, com a expressão *só a graça* (*sola gratia*), na radicalidade da graça divina, o Concílio de Trento estabelece uma dialética entre graça divina e liberdade humana. Uma dialética em que fica claro, no entanto, que o pólo determinante está com a graça divina.

5. São diversas as causas da justificação, todas elas, porém, centradas no próprio amor de Deus. A causa final é a glória de Deus e de Cristo. A causa eficiente é a misericórdia de Deus. A causa meritória é a obra salvífica de Jesus Cristo. A causa instrumental é o sacramento do batismo. A causa formal é a justiça de Deus, "não aquela pela qual ele é justo, mas aquela que ele outorga ao ser humano quando justifica o ímpio".[54] Isso

---

[52] Id., ibid., p. 274.
[53] Id., ibid., p. 275.
[54] A frase é de Agostinho, *A Trindade*, 14,12,15.

significa que a justiça divina não é meramente imputada, mas é apropriada. "A graça justificante é algo mais que simples favor pontual, atualista, passageiro; é um dom estável, acolhido no interior do ser humano; implica, portanto, uma realidade ontológica, de modo que o justificado não só se chama, mas é verdadeiramente justo"[55] e passa a viver uma vida nova.

6. A fé é o início, a raiz e o fundamento de toda justificação. Não se trata, porém, da fé subjetiva, a confiança pura em Deus, a presumida certeza da própria salvação, pois "ninguém pode saber com certeza de fé, livre de qualquer possibilidade de erro, que conseguiu a graça de Deus" (DH 1534). Tampouco se trata da fé objetiva, o conhecimento da doutrina, o assentimento puramente intelectual. Não bastam nem a confiança nem o conhecimento. A fé que salva é a fé informada pelo amor, a fé viva, "a fé que opera por meio da caridade" (DH 1531), que produz a conversão do ser humano inteiro para Deus, que cria atitudes pessoais de adesão cordial a Jesus Cristo.

7. Uma vez justificado, o cristão pode e deve aperfeiçoar sua justiça, crescer em santidade, com o cumprimento dos mandamentos. A graça de Cristo acompanha permanentemente o justificado, sustentando-o e impulsionando-o para viver sua maturidade na fé. Assim, o justificado alcança méritos por aquilo que faz. Não pela justiça das obras, mas como fruto da santidade, como resultado do crescimento orgânico da nova vida.

Como se pode perceber, há em Trento uma implícita, mas vigorosa, dose de valorização do ser humano, como pessoa e em sua pertença à comunidade salvífica.[56] Desde então, embora de maneira polêmica e apologética, no início, explicitamente antiprotestante, a Igreja Católica vem firmando posição numa teologia da graça fortemente antropocentrada e eclesiocentrada. Isto é, entende e ensina que a justificação é, sim, obra de Deus, mas com a colaboração do ser humano e da Igreja.

Poder-se-ia falar aqui de um paradoxo do Concílio de Trento. Para afirmar a liberdade humana, ele enfrentou decididamente o individualismo e o subjetivismo nascentes. Diante da tese do servo arbítrio, o Concílio afirma o papel da liberdade humana, que, suscitada, saneada e sustentada pela graça, coopera com a ação salvífica divina. A justificação não é apenas forense, imputada, declaratória, mas é real, efetiva, intrínseca. Não é somente teológica, como obra de Deus. É também antropológica, como obra do ser humano, que age na subordinação e na obediência à graça divina. Ao afirmar a liberdade humana, o Concílio enfrenta o incipiente subjetivismo moderno, distinguindo-se tanto da Reforma Protestante quanto dos ideais renascentistas; tanto da vertente pessimista da Reforma,

---

[55] Ruiz de La Peña, op. cit., p. 276.
[56] Feller, Vitor Galdino. *Fé cristã e pluralismo religioso*. Petrópolis, Vozes. pp. 37-39.

que dizia: "Só Deus salva, o ser humano nada pode fazer por sua salvação, a não ser, na sua intimidade e individualidade, confiar em Deus!", quanto das vertentes demasiadamente otimistas e ilusórias do Renascimento e, depois, do Iluminismo, que diziam: "O ser humano tudo pode, não precisa de Deus!" O Concílio de Trento pôs, assim, as bases para a reação da pastoral e da teologia da Igreja Católica às conquistas e aos avanços da modernidade. Por isso, foi visto como freio da Igreja às pretensões dos humanismos nascentes.

É verdade que desde então a reação da Igreja à modernidade nascente se deu em forma de um encastelamento nefasto à obra da evangelização. A uma Igreja fora do mundo foi correspondendo um mundo desinteressado pelas coisas da Igreja e de Deus. O paradoxo encontra-se no fato de que, embora sustentando vigorosamente que a salvação é obra de Deus, pela redenção de Jesus Cristo, a Igreja pós-tridentina passou a valorizar penitências, jejuns, promessas, sacrifícios, indulgências, como sinais externos da vida de fé e da pertença eclesial. Assim, embora o magistério e a teologia continuassem afirmando a centralidade da obra redentora de Cristo, abriu-se, na pregação, na catequese e na religiosidade popular, espaço para a meritocracia no lugar da redenção de Jesus Cristo. A salvação ou a condenação passaram a ser vistas como efeito das decisões e obras humanas, como mérito humano.

Desse modo, a primazia da graça divina, proposta e defendida teoricamente pelo Concílio, foi suplantada pela insistência em práticas humanas que, no fundo, a contradiziam.

> Contra a doutrina do servo arbítrio (de Lutero) ou da predestinação (de Calvino), o que o Concílio de Trento promete é a salvação mediante a prática de boas obras, que dependem do livre-arbítrio do ser humano. Em meio à intolerância extremada, a Igreja Católica, paradoxalmente, passou, desse modo, a promover a liberdade do ser humano. Fixou-lhe os limites, no entanto, no dogma religioso[57] e na disciplina eclesiástica.

Havia o receio de que os católicos pudessem deixar-se influenciar pelo germinal subjetivismo protestante, com a proposta do livre exame das Escrituras, com a rejeição das instituições e da hierarquia, com a refutação das práticas sacramentais e devocionais e, assim, esfacelassem a unidade eclesial. Daí a insistência nas práticas externas da fé. A eclesiologia de Roberto Belarmino,[58] por exemplo, propunha uma concepção exteriorizante da Igreja, vista como uma sociedade visível, em que os fiéis fossem

---

[57] ABRÃO, Baby & COSCODAI, Mirtes. *História da filosofia*. São Paulo, Best Seller, 2002. p. 182.
[58] FRIES, Heinrich. Modificação e evolução histórico-salvífica da imagem da Igreja. In: FEINER, Johannes & LOEHRER, Magnus. *Mysterium Salutis IV/2. A Igreja*. Petrópolis, Vozes, 1975. pp. 35-39.

identificados externamente: a profissão do mesmo credo, a prática dos mesmos sacramentos e a obediência à hierarquia, sobretudo ao papa.

Pode-se concluir que faltou ao projeto do Concílio de Trento uma teologia conseqüente com seus grandes ideais humanistas. Não lhe faltou, contudo, discernimento e sutileza para enfrentar as posições radicais dos reformadores, por meio de uma sábia interpretação da teologia paulina da graça e da fé, transmitida na Carta aos Romanos e na Carta aos Gálatas. Desse modo, pôde definir sua doutrina da primazia da graça de Deus e da resposta humana da fé, apresentadas respectivamente como causa e condição para a justificação. Retraiu-se, no entanto, por carência de liberdade canônica e política, quando devia enaltecer também, por fidelidade ao mesmo Paulo, a liberdade evangélica e cristã, para a qual Cristo nos libertou com sua morte e ressurreição (Gl 5,1.13). A preocupação com a disciplina obscureceu a inteligência católica da época, impedindo-lhe a elaboração de uma teologia, sobretudo de uma eclesiologia, em que prevalecesse a graça de Deus em vez das estruturas humanas, o valor da fé em vez das obras exteriores, a liberdade das pessoas em vez do poder das leis.

Apesar dessas observações críticas, não se pode negar que, em termos teóricos, no Concílio de Trento já se encontrava, na forma de semente, a atual crítica profética da Igreja ao ateísmo, à idolatria, à subjugação do ser humano, à destruição da natureza, comportamentos e atitudes derivados de uma antropologia deficiente: ou pessimista ou ilusória. Trento, ao contrário, ao equilibrar a graça de Deus e a liberdade humana, defendeu uma antropologia realista, que afirmava a responsabilidade e a dignidade do ser humano. Hoje, quatro séculos depois, resgatado o diálogo entre a Igreja e o mundo, pode-se ver o quanto esse Concílio foi profundamente humanista. Sua valorização da liberdade humana foi varrida para o subterrâneo da filosofia e da teologia cristãs destes quatro séculos, para aflorar na mente e na prática dos cristãos, mediante a reflexão e os resultados do Concílio Vaticano II.

No *Decreto sobre a Justificação*, do Concílio de Trento, estão os fundamentos para a pastoral e a teologia da Igreja no campo dos direitos humanos, da luta pela dignidade humana, bem como todos os dados fundamentais da antropologia cristã: a bondade radical do coração humano, o realismo do pecado, a solidariedade universal em Cristo, a mediação e a sacramentalidade, a unidade de espírito e corpo, a dignidade e a liberdade como dados essenciais do ser humano..., elementos que foram mais bem explicitados no Concílio Vaticano II, na constituição pastoral *Gaudium et spes* [As alegrias e as esperanças].[59]

---

[59] CONCÍLIO VATICANO II. Constituição pastoral *Gaudium et spes*, nn. 11-45, sobre a Igreja e a vocação do ser humano.

É nessa corrente caudalosa de uma antropologia realista, mas decididamente positiva, que, por sua vez, caracteriza e determina uma teologia da salvação fortemente antropocentrada e eclesiocentrada, que podemos perceber, hoje, a grande diferença entre a Igreja Católica e todas as Igrejas protestantes e, entre elas, sobretudo, as atuais Igrejas fundamentalistas. Enquanto as Igrejas fundamentalistas, ao radicalizar e fanatizar o protestantismo, negam valor ao ser humano, às suas pretensões históricas e às suas instituições eclesiais e sociais, a Igreja Católica, ao contrário, dá um grande valor ao ser humano e a suas conquistas e expectativas. Infelizmente, esse valor tem sido mais acentuado em sua vertente jurídico-institucional (normas, ritos, estruturas, cargos...) do que propriamente em sua orientação antropológica (relações, valores, atividades...).

## 9. A DOUTRINA PESSIMISTA DE BAYO, JANSÊNIO E QUESNEL

No decorrer dos séculos seguintes, a Igreja Católica teve ainda de se defrontar com outros perigos para sua doutrina da justificação e da graça. Trata-se dos ensinamentos de Bayo, Jansênio e Quesnel, doutrinas que tendiam para uma concepção pessimista da condição humana. Por causa de sua tendência agostiniana, essas doutrinas são também muito próximas do protestantismo.[60]

Miguel de Bayo (1513-1589), professor de teologia em Louvain, na Bélgica, pretende resgatar a teologia agostiniana. Mas, ao ignorar a tradição oriental, passar por cima da teologia escolástica e das decisões de Trento e não prestar atenção ao desenvolvimento do dogma, elabora uma teologia pseudo-agostiniana. Suas teses podem ser assim resumidas:

1. Os dons da justiça original (a caridade e o Espírito Santo) são naturais, devem-se ao ser humano. Não são gratuitos nem sobrenaturais. Dessa maneira, Bayo *naturaliza* o sobrenatural, pois subordina os dons do Espírito Santo à retidão moral da ação humana.

2. Depois do pecado original, o ser humano tornou-se totalmente corrompido. Essa corrupção é a concupiscência, identificada com o pecado original, estado habitual que se atualiza quando é despertada a consciência. Nesse estado, o livre-arbítrio, por suas próprias forças, só pode pecar e é incapaz para fazer qualquer bem, até mesmo o bem natural. Com o pecado, ele perdeu a relação com o seu fim natural: Deus. Sendo a caridade teologal e a presença do Espírito Santo apenas dons naturais, ao perdê-los com a queda original, o ser humano perde toda a graça da natureza. Por isso, todas as obras dos infiéis são ações pecaminosas, uma vez que, por não receberem a primeira graça, a da fé, não recebem a graça

---

[60] BAUMGARTNER, op. cit., pp. 154-159; 164-177; RUIZ DE LA PEÑA, op. cit., pp. 282-284; COLLANTES, op. cit., pp. 593-604.

da justificação e da santidade. Também o cristão pecador não justificado peca em todos os seus atos, porque é escravo da concupiscência que o domina. Dessa maneira, Bayo *antinaturaliza* o natural, pois renega a bondade criacional da graça presente no coração de todo ser humano.

3. Na ordem natural do estado primitivo, a caridade e o Espírito Santo eram exigidos como dons naturais, meio necessário para a retidão moral. Na ordem da redenção, o dom da caridade e o Espírito Santo são uma graça, a graça que dá a força para vencer a concupiscência. Graça apenas sanante, não elevante, como condição extrínseca da moralidade, uma vez que o ser humano continua intrinsecamente pecador. Bayo não se interessava pelo dom habitual da in-habitação do Espírito Santo, importando-se apenas com o perdão dos pecados. Diferentemente dos protestantes, admitia uma graça interior, cuja única função, porém, seria apenas produzir a ação moral. A graça é uma sucessão de atos de obediência aos mandamentos; ela é a justiça das obras. Assim, Bayo põe-se contra Lutero, para quem o ser humano pode fazer boas obras porque está justificado. Para Bayo, ao contrário, o ser humano está justificado porque faz boas obras. Desse modo, o pensamento de Bayo, que é uma "curiosa ligação de filoluteranismo e antiluteranismo", "se afasta tanto do protestantismo como do catolicismo: não somos justificados nem pela fé somente (posição protestante) nem pelo dom permanente e inerente da graça (posição católica), mas pelas obras".[61]

Suas teses foram condenadas pelo papa Pio V na bula *Ex omnibus afflictionibus*,[62] de 1567, publicada pelo papa Gregório XIII, em 1579. Do conjunto dessa bula resulta um ensinamento positivo sobre o poder do livre-arbítrio, sem a graça, no estado da natureza caída. Condena-se a tese de Bayo de que o ser humano, no seu livre-arbítrio, deixado a si mesmo, está determinado por sua própria fraqueza, por sua impotência radical para todo bem de ordem moral, a pecar formalmente em cada uma de suas ações. Contra essa tese, é preciso admitir pelo menos a capacidade do ser humano caído para algum bem, mesmo sem a caridade e a fé. Condena-se também o uso extrinsecista da caridade teologal e da presença do Espírito Santo apenas para a prática de boas obras. Contra essa tese, insiste-se na in-habitação do Espírito como dom interior. Enfim, contra o pessimismo bayano, o magistério eclesiástico ressalta a bondade radical do ser humano.

Apesar de condenadas, essas teses pessimistas influenciaram a teologia da graça de Cornélio Jansênio (1586-1638).[63] O holandês Jansênio, também professor em Louvain, prolonga a doutrina de Bayo. Para ele, falta

---

[61] Ruiz de la Peña, op. cit, pp. 282-283.
[62] DH 1901-1980.
[63] Collantes, op. cit., pp. 596-598.

ao ser humano a liberdade, seja para obedecer aos mandamentos, seja para resistir à graça. Assim, o ser humano vive inexoravelmente diante de um dilema: ou sob a pulsão incoercível da concupiscência ou sob a moção, igualmente incoercível, da graça. A graça só será tal se for irresistível, isto é, se nos motivar a agir prazerosamente, de maneira que sua moção se conecte infalivelmente com nossa ação. Para cumprir os mandamentos, o ser humano precisa da graça; diante dela, ele não pode resistir. A graça é, portanto, sempre eficaz, mas é dada a poucos, ficando a imensa maioria predestinada à condenação. Se fosse conferida à maioria ou a todos, já não seria dom gracioso. Jansênio quis, assim, atualizar as teses predestinacionistas do velho Agostinho. Percebe-se, em sua teologia, além de uma concepção elitista da graça (dada a poucos!), uma feição rigorista, que pretende retomar certas práticas severas dos primeiros tempos do cristianismo.

Seu livro *Augustinus* fez sucesso após sua morte. Depois de mandá-lo analisar, o papa Inocêncio X, com a bula papal *Cum occasione impressionis*,[64] de 1653, condenou-lhe as seguintes teses: a impossibilidade de guardar os mandamentos; a impossibilidade de resistir à graça; a suficiência da liberdade de coação, para o merecimento; a negação da universalidade salvífica da morte de Cristo. Contra Jansênio, o magistério afirma que Cristo morreu por todos; que, por conseguinte, Deus concede a todos a graça necessária para cumprir os mandamentos e para salvar-se; que a essa graça, no entanto, a liberdade humana pode resistir; que a liberdade humana não é forçada nem por coação exterior nem por necessidade interior.

Desse modo, o magistério reafirma a doutrina dos evangelhos em que, exatamente ao contrário de Jansênio, os pecadores são os favoritos de Deus. Ao chamar os pecadores, e não os justos, Jesus aboliu o fatalismo predestinacionista pagão, rejeitou o dualismo maniqueísta, que separava justos de pecadores, e abriu um horizonte de esperança para todos.

Os erros jansenistas voltaram à tona com Pascásio Quesnel (1634-1719).[65] Em uma grandiosa obra, reeditada diversas vezes, de reflexões morais sobre os textos do Novo Testamento, Quesnel segue em tudo a doutrina jansenista. Como seu predecessor Jansênio, ele recusa toda possibilidade de bem moral natural sem a graça; rejeita a existência de um amor natural moral e nega que se possa resistir à graça. Após estudo minucioso de sua obra, feito por teólogos de diversas escolas, o papa Clemente XI, com a bula *Unigenitus Dei Filius* [O Filho Unigênito de Deus],[66] de 1713, condena suas proposições jansenistas.

---

[64] DH 2001-2007.
[65] COLLANTES, op. cit., pp. 601-604.
[66] DH 2400-2502.

A obstinação dos jansenistas levou diversos papas, nas décadas seguintes, a confirmar a autoridade e o conteúdo da bula *Unigenitus Dei Filius*. Por fim, o papa Pio VI, na constituição *Auctorem fidei*,[67] de 1794, ao condenar as propostas jansenistas e regalistas do Sínodo de Pistóia (1786), recolhe a maioria das proposições da bula *Unigenitus*, precisando-as com esmero, para evitar polêmicas ulteriores, sobretudo quanto a previsíveis deturpações sobre a teologia agostiniana, sempre presente no bojo do jansenismo.

Convém chamar a atenção do leitor para a constante presença de santo Agostinho em toda a história da teologia da graça. As proposições dos autores condenados pelo magistério da Igreja tinham, quase sempre, certa afinidade com outras de Agostinho. Esse problema teve início com o semipelagianismo, continuou com o predestinacionismo da baixa Idade Média, com o luteranismo, o bayanismo e o jansenismo, e os erros jansenistas de Quesnel. Tira-se daí a conclusão de que a obra agostiniana, por sua densidade e radicalidade, corre sempre o risco de deturpação.

## 10. A CONTROVÉRSIA DE "AUXILIIS"

Logo após o Concílio de Trento, a reflexão teológica se viu confrontada com duas graves questões: a) Como explicar que a graça suficiente resulte em uma genuína capacidade para operar o bem? b) Que sentido tem a liberdade humana sob a graça eficaz? As respostas vieram na forma de polêmica, a chamada controvérsia *de auxiliis*, com suas duas alternativas.[68] Trata-se de uma discussão obscura, de difícil compreensão para as mentes de nosso tempo. É importante, porém, apresentá-la aqui, a fim de que, na percepção dos caminhos tortuosos pelos quais a teologia enveredou no estudo da relação entre graça divina e liberdade humana, ganhem sentido as indicações — propostas mais adiante — de uma teologia que recupere o vigor bíblico e a centralidade trinitária, na qual Deus e o ser humano não sejam vistos como rivais, mas parceiros na construção do Reino.

De um lado, Domingos Bañez (†1604), dominicano, professor de Salamanca, respondia com a teoria da predeterminação física. O concurso divino para todo ato humano é anterior a tal ato; a causalidade do Criador precede cronologicamente, na forma de premoção, a causalidade da criatura. Assim, é graça eficaz aquela predeterminação física que implica infalivelmente a execução do ato saudável, por si mesma e anterior ao consentimento da vontade. A graça suficiente difere da graça eficaz; é a que o ser humano pode rejeitar, ao não estar ligada infalivelmente ao efeito.

---

[67] DH 2600-2700.
[68] RUIZ DE LA PEÑA, op. cit., pp. 327-331.

Mas, se o ser humano não a rejeita, Deus lhe outorgará, então, a graça eficaz.

Essa teoria tende a acentuar o teocentrismo da graça. Acusada de filocalvinismo, explica bem a eficácia da graça, mas compromete seriamente a liberdade humana (quem recebeu a graça eficaz não pode deixar de transformá-la em ato) e a real capacitação da graça suficiente (pois, só com ela, seria impossível o ato).

De outro lado, Luís Molina (1535-1600), jesuíta, professor de Évora, em Portugal, respondia com a teoria do concurso simultâneo. A causalidade divina não age sobre a (ou antes da) causalidade criada; mas é exercida junto com ela, ao mesmo tempo que ela. Não há, portanto, concurso anterior ou premoção. Deus e o ser humano são duas causas coordenadas e simultâneas, incompletas e parciais, que concorrem para a produção do mesmo efeito. A prioridade da causa divina não é de tempo (não é cronológica), mas de natureza (é ontológica). A graça eficaz e a suficiente não diferem em sua essência. A mesma graça será eficaz ou suficiente se o ser humano consentir nela (ou dela discordar). Como se salvam, então, a iniciativa divina e a eficácia de sua graça? Molina apela para a ciência média: ao conferir a graça, Deus já sabe se o ser humano consentirá ou discordará; se consentir, isso será dom de Deus, que escolheu aquela ordem na qual tal graça será acolhida pelo ser humano e que, portanto, é conhecida de antemão por Deus como graça eficaz.

Nessa teoria, ao contrário da anterior, predomina a preocupação humanística. Acusada de filopelagiana, ela deixa a salvo a liberdade humana, mas à custa de prejudicar a soberania divina. É o ser humano, com efeito, e não Deus, quem, no final das contas, torna eficaz a graça, com sua opção livre.

A Inquisição espanhola, incitada pelos dominicanos, partidários de Bañez, projetava colocar no *Index* a obra de Molina. Este, por sua vez, atirou sobre seu adversário a suspeita de luteranismo. A polêmica recrudesceu, criando facções entre a escola dominicana e a jesuíta. O papa Clemente VIII, em 1594, avocou o assunto para o foro da Sé Apostólica e criou para o estudo da questão uma comissão especial, que se ocupou do tema durante nove anos. Por cinco vezes, essa comissão propôs a condenação da doutrina molinista, mas sempre foi retida pela intervenção do superior geral dos jesuítas. Por fim, o papa Paulo V fez submeter a exame também a doutrina bañeziana da predeterminação física. Após intensos debates em que um lado pedia a condenação do outro, o papa decidiu, pelo bem da paz, não condenar ninguém. E, em 1607, concluiu o processo com a proibição aos dois partidos de censurarem-se mutuamente.[69] Com isso, ambas as teorias eram declaradas aceitáveis. Contudo, para evitar que uma nova discussão inflamasse por demais os ânimos, foi

---

[69] DH 1997.

decretado que qualquer publicação ulterior de escritos sobre o problema da graça teria de se submeter à concessão de uma permissão especial.

Como se vê, as duas teorias conduziam, por caminhos opostos, ao mesmo beco sem saída da antinomia entre a graça divina e a liberdade humana. Ambas estavam movidas pelo mesmo vício estrutural, de índole mais filosófica que teológica. Aplicam-se a uma relação interpessoal categorias que pertencem a realidades de ordem física (causalidade eficiente, moção, predeterminação física, anterioridade cronológica etc.). Imagina-se que entre Deus e o ser humano fosse possível uma espécie de sinergismo que concebesse como homogêneas suas respectivas causalidades (eficiência parcial, concurso simultâneo entre Deus e o ser humano eqüitativamente repartido etc.).

Somente no século XX, com a contribuição de Sertillanges, encontrou-se uma saída, com a renovação dos estudos clássicos. Para ele, Deus e o ser humano não são duas grandezas homogêneas ou simétricas. Não é, pois, possível a alternativa: ou Deus ou o ser humano.[70] Deus transcende infinitamente o ser humano; não podem ser mutuamente competitivos dois seres, quando um deles faz o outro ser. Por conseguinte, a causalidade divina é diferente da humana; não é um impulso físico, uma coação, uma intervenção autocrática, como pretendia o bañezianismo; nem concorre em pé de igualdade com a causalidade humana, como se fosse também uma causalidade intramundana, como sugeria o molinismo. Deus, que transcende a essência do ser humano, transcende também sua temporalidade; não é causa anterior nem simultânea, num sentido cronológico ou mecânico. Sua ação procede de um presente eterno e atemporal. Assim, o ato saudável/salvífico é totalmente de Deus (que lhe dá existência, como causa primeira e transcendental) e totalmente do ser humano (que o executa, como causa segunda, categorial). A graça, como ação de Deus, longe de anular a liberdade, como ação humana, funda-a, sustenta-a e dinamiza-a para o ato saudável/salvífico que se torna, assim, efeito, inteira e indivisivelmente, atribuível a Deus e ao ser humano.

## 11. GRAÇA E JUSTIFICAÇÃO NO CATECISMO DA IGREJA CATÓLICA

O catecismo da Igreja Católica, de 1993, expõe de modo claro a doutrina católica sobre a graça e a justificação,[71] sem a pretensão de fazer teologia nem de responder às grandes questões que o mundo moderno põe à doutrina cristã, mas apenas com o objetivo de sistematizá-la, na forma de síntese e de catálogo das verdades cristãs.

---

[70] Ver: TORRES QUEIRUGA, Andrés. *Creio em Deus Pai*; o Deus de Jesus como afirmação plena do humano. São Paulo, Paulus, 1993.
[71] CATECISMO DA IGREJA CATÓLICA, nn. 1987-2029.

Inicia lembrando a obra do Espírito Santo na vida dos justificados: a purificação dos pecados, a vida nova em Cristo, a inserção na Igreja, a participação na vida divina. Depois de apresentar a palavra programática de Jesus — o anúncio do Reino e o pedido de conversão —, o catecismo traz as definições do Concílio de Trento e confirma que a justificação tem como efeitos: o afastamento do pecado, o acolhimento da justiça de Deus, a participação nos merecimentos da paixão de Cristo, a colaboração entre a graça de Deus e a liberdade do ser humano, a santificação do ser humano em todo o seu ser.

A seguir, recorda que a justificação vem da graça de Deus. A graça é o favor de Deus, é participação na vida divina, é dom gratuito que Deus nos faz de sua vida infundida pelo seu Espírito em nós. É graça santificante ou deificante, dom habitual, como disposição permanente para viver e agir conforme a vontade divina, que se manifesta como graças atuais nas intervenções divinas, quer na origem, quer no decorrer da obra da santificação, como os sacramentos, os carismas e as graças de estado.

Sobre o mérito, o catecismo é claro: "Diante de Deus, em sentido estritamente jurídico, não há mérito da parte do homem"; mas logo acrescenta que "Deus livremente determinou associar o homem à obra de sua graça" (nn. 2007-2008). A relação entre graça divina e liberdade humana — o nó central da doutrina cristã — é assim resumida pelo catecismo:

> A ação paternal de Deus vem em primeiro lugar por seu impulso, e o livre agir do homem, em segundo lugar, colaborando com ele, de sorte que os méritos das boas obras devem ser atribuídos à graça de Deus, primeiramente, e só em segundo lugar ao fiel. O próprio mérito do homem cabe, aliás, a Deus, pois as suas boas ações procedem, em Cristo, das inspirações e do auxílio do Espírito Santo (n. 2008).

Podemos, pois, merecer, como filhos e filhas, os frutos do amor de Deus Pai por nós, amor que é o seu próprio Espírito derramado em nosso coração, para nos santificar.

## 12. A DOUTRINA DA GRAÇA HOJE

A teologia da graça esteve envolvida, durante três séculos, com duas contendas intra-eclesiais: a disputa *de auxiliis* e a rejeição do renitente jansenismo. Somente no século XX, com a renovação teológica que prenunciou o Concílio Vaticano II, a teologia da graça recebeu uma nova abordagem. Da reação ao modernismo racionalista e secularizante do início do século XX à percepção da dimensão social da graça da teologia da libertação, passando pela controvérsia sobre a questão do "sobrenatural" das décadas anteriores ao Concílio Vaticano II, toda a teologia do século XX pode ser interpretada na ótica da graça. "A teologia católica do século XX pode ser lida como debate em torno da 'graça'."[72] Este é o paradoxo do século XX: apesar de nesse século o ser humano moderno ter-se inclinado a viver por seu próprio esforço e determinação e a buscar sua absoluta autonomia, a mensagem cristã, por meio da reflexão teológica, manteve firme a centralidade da graça.

Grande espaço deve ser conferido à *nouvelle théologie*, cujo tema nuclear foi precisamente a relação entre natureza e graça, com a decisiva contribuição da superação do dualismo entre natural e sobrenatural, até então vistos como se fossem dois andares da vivência cristã. Apesar das suspeitas iniciais do magistério da Igreja, passou a vigorar no âmbito teológico uma nova concepção da graça, que encontrou seu espaço oficial nos documentos do Vaticano II, sobretudo na constituição pastoral *Gaudium et spes* [As alegrias e as esperanças]. A *nouvelle théologie* chegou a conceber a natureza como originariamente chamada na criação para a graça. Embora suas posições concebessem a graça de forma individual, interna, inexperimentável, a *nouvelle théologie* influenciou posteriormente a teologia da secularização, a crítica da religião, a teologia política e a teologia da libertação, que propuseram elaborar a dimensão social da graça, sua mediação exterior como presença no mundo e sua real possibilidade de ser experimentada.

Interessantes são as exigências e as indicações que o teólogo Pesch[73] põe para uma futura doutrina da graça:

1. Tratar a graça como síntese e cerne de todo o Evangelho e, por isso, como o ponto de vista mais determinante para a reflexão teológica.

2. Superar a mentalidade de concorrência entre graça divina e liberdade humana, pois Deus e o ser humano não são rivais, mas parceiros da mesma obra de salvação, em que um e outro buscam a felicidade humana, ainda que agindo em níveis diferentes, pois Deus, em sua transcendência, é fundamento de nossas ações categoriais. A graça deverá ser entendida como o simples relacionamento entre Deus e o ser humano e como o ato de acolher o agir salvífico de Deus, que salva criando e cria salvando.

3. Fugir da compreensão da liberdade humana como humilhação diante da força e do poder de Deus, buscando na mensagem cristã fundamentos para a atual noção extrateológica de liberdade como projeção da autorrealização humana. Na antropologia teológica, a graça deverá ser apresentada sempre em relação dialética com o pecado e sua força desumanizadora, mas também em relação com o chamado à felicidade plena.

---

[72] Em todo este item, serviremo-nos das reflexões de: PESCH, Otto Hermann Graça. In: EICHER, Peter (org.). *Dicionário de conceitos fundamentais de teologia*. São Paulo, Paulus, 1993. pp. 327-332 (aqui: p. 327).

[73] Id., ibid., p. 332.

4. Tematizar a historicidade da graça de Deus, quer por meio do evento Cristo, quer mediante o evento Igreja. A historicidade da graça perpassa toda a cristologia e a soteriologia, a eclesiologia e a doutrina dos sacramentos.

5. Refletir a mediação mundana da graça, isto é, a "graça externa", em todos os acontecimentos mundanos, interpessoais e sociais, captando-os como oferta do amor de Deus. A graça deverá ser tratada em sua dimensão social, ética e política.

6. Expressar a paradoxalidade da graça, isto é, o seu caráter de ser "totalmente" outra, enquanto, com ela, a pessoa se encontra também e precisamente na cruz, nas humilhações e nas rupturas da vida humana, no sofrimento, o que leva todas as esperanças intramundanas a se calarem. A graça torna-se eixo da espiritualidade cristã.

7. Espelhar a orientação da graça para o futuro, ou seja, apresentar a graça como início realmente presente da vida eterna. A graça é o ponto de partida para sistematizar a escatologia cristã.

## 13. ENFOQUES DA TEOLOGIA DA GRAÇA

Na história do cristianismo, houve diversas maneiras de os cristãos se posicionarem diante dos grandes desafios históricos, sobretudo diante do grande anseio pela felicidade, pela salvação. Àquela necessidade e busca de algo ou alguém mais, o cristianismo ofereceu, nos dois mil anos de sua existência, inúmeras respostas, todas elas surgidas e produzidas segundo sua antropologia e escatologia, em que, como vimos, o ser humano é concebido como originado no amor e pelo amor e destinado para a comunhão eterna no amor.

Na construção do instigante tratado da teologia da graça, encontramos quatro enfoques de reflexão:[74]

### a) O enfoque na divinização do ser humano

Próprio da teologia oriental dos quatro primeiros séculos, dos Padres de língua grega. Fundamentados mais na encarnação do que na redenção, os Padres gregos entendem que a salvação humana acontece já na encarna-

---

[74] BOFF, Leonardo. *A graça libertadora no mundo.* 3. ed. Petrópolis, Vozes, 1985. pp. 25-27. Boff também propõe quatro concepções de graça na teologia ocidental, mas com outra classificação: a) com base na experiência religiosa, como em Paulo, Agostinho e Lutero; b) com base na metafísica clássica, como na escolástica e na teologia pós-tridentina; c) com base na realidade pessoal do ser humano em seu chamado ao diálogo com Deus, como nas teologias modernas pós-Vaticano II; d) com base nas estruturas sociais, como na teologia da libertação.

ção e, por extensão — embora isso seja menos refletido —, também na criação. Pois a encarnação nada mais seria do que uma continuação da criação. O Verbo teria criado o mundo para nele se encarnar. Tendo-se, pois, encarnado em nossa condição humana e mortal, divinizou o ser humano. Trata-se do assim chamado "sagrado comércio": "Deus se fez humano, para que nós nos tornássemos divinos". Esse enfoque reflete menos sobre o pecado e, em conseqüência, dá também menos realce ao processo redentor, sobretudo à paixão e à morte. Numa perspectiva mais otimista, exalta a encarnação e a ressurreição. Celebra, em sua liturgia, a estética do cristianismo, a beleza da criação, a gratuidade da salvação.

### b) O enfoque na justificação

Próprio da teologia ocidental, fundamentado na proposição agostiniana de realçar o pecado humano. Numa perspectiva mais antropológica, precisamente por considerar a obra humana, seja do pecado, seja da liberdade, esse enfoque exalta mais a redenção, insistindo na paixão e morte de Cristo por causa de nossos pecados. Entende que somos salvos na morte e, evidentemente, na ressurreição de Jesus. O Filho de Deus ter-se-ia encarnado por causa do pecado humano, para nos salvar do pecado. Dá a toda a teologia e à fé cristã uma perspectiva hamartiocêntrica, como vimos anteriormente. Insiste muito no ser humano como indivíduo, chamado a justificar-se diante de Deus.

### c) O enfoque na libertação

Próprio da teologia latino-americana, fundamentado nas percepções próprias dos teólogos e teólogas da libertação.[75] Continua com a proposta da teologia anterior, uma vez que se desenvolve no Ocidente, mas alarga a perspectiva, para ver o ser humano não só como indivíduo, nem apenas chamado a salvar a sua alma, mas como coletividade, envolvendo toda a sociedade no compromisso da construção de um mundo mais justo e mais humano. A salvação não é oferecida por Deus apenas a indivíduos, mas à sociedade inteira, sobretudo aos pobres:

> Acreditamos que uma reinterpretação bíblico-teológica da justificação à luz da nossa realidade possa iluminar nossa compreensão da vida e da fé dos cristãos. Nós tomamos como ponto de partida a realidade de pobreza, opressão, repressão, discriminação e luta experimentada por grandes setores de nossas populações e, por outro lado, a experiência que eles têm de Deus nessa situação. Pois o que nos interessa saber é se a doutrina da justificação está sendo uma Boa-Nova para os pobres.[76]

---

[75] BOFF, op. cit., 1976; FRANÇA MIRANDA, op. cit., SEGUNDO, Juan L. *Graça e condição humana* (Col. Teologia aberta para o leigo adulto 2) 2. ed. São Paulo, Loyola, 1987; TAMEZ, Elsa. *Contra toda condenação*; a justificação pela fé, partindo dos excluídos. São Paulo, Paulus, 1995.

[76] TAMEZ, op. cit., pp. 11s.

Além da grande contribuição para uma perspectiva social e sociológica, política e econômica da teologia da graça, essa abordagem abriu-se nos últimos tempos para as perspectivas étnica e feminista.

### d) O enfoque na salvaguarda da criação

Próprio de uma teologia que se pretende cada vez mais universal, com perspectiva ecológica, pacifista, inter-religiosa.[77] Busca interpretar a graça da salvação como algo que atinge toda a criação e todas as dimensões e relações humanas. A graça de Deus não está confinada a uma religião, a uma concepção religiosa, mas dirige-se a toda a obra de sua criação. Todos os seres vivos têm direito à existência. A graça da salvação humana escatológica passa também pela preservação da natureza, pelo diálogo entre as culturas, pela relação entre as religiões, pela paz entre os povos, pela sobrevivência dos pequenos. Não haverá salvação escatológica sem salvação terrena, não haverá salvação do ser humano sem salvação do cosmo, não haverá salvação do cristianismo sem salvação das outras religiões, não haverá salvação do Primeiro Mundo sem salvação do Terceiro Mundo:

> A lei do universo não é a competição que divide e exclui, mas a cooperação que soma e inclui. Todas as energias, todos os elementos, todos os seres vivos, desde as bactérias e vírus até os seres mais complexos, somos inter-retro-relacionados e, por isso, dependentes. Uma teia de conexões nos envolve por todos os lados, fazendo-nos seres cooperativos e solidários, quer queiramos, quer não, pois essa é a lei do universo.[78]

Enfim, os desastres naturais, a exploração e colonização de povos inteiros, a destruição de inúmeras culturas, as guerras, a fome persistente, tudo isso tem levado os cristãos a perceberem que sua teologia da graça diz respeito ao amor de Deus-Amor, cuja medida — em termos humanos — é o horizonte de sua obra. Todos os seres humanos e todas as coisas criadas são ao mesmo tempo expressão do amor de Deus e chamados a experimentar esse amor.

### CONCLUSÃO

Para concluir nossa visão panorâmica da teologia da graça, é ainda interessante um olhar retrospectivo e perspectivo sobre as diversas maneiras de entender a graça de Deus. De que modo ela tem sido

---

[77] KÜNG, Hans. *Projeto de ética mundial*; uma moral ecumênica em vista da sobrevivência humana. São Paulo, Paulinas, 1992; DUPUIS, Jacques. *Rumo a uma teologia cristã do pluralismo religioso*. São Paulo, Paulinas, 1999; MOLTMANN, Jürgen. *Doutrina ecológica da criação*; Deus na criação. Petrópolis, Vozes, 1993; BOFF, Leonardo. *Ecologia, mundialização, espiritualidade*; a emergência de um novo paradigma. São Paulo, Ática, 1993.
[78] BOFF, Leonardo. *Crise*; oportunidade de crescimento. Campinas, Verus, 2002. p. 15.

apresentada no decorrer dos tempos, nos momentos mais marcantes da história da teologia?[79] Veremos que, a par de posicionamentos e esclarecimentos diversos, há um elemento permanente: o amor de Deus, que tudo perpassa, do início ao fim.

A teologia oriental tem, em todas as suas áreas de reflexão, uma marca mais essencial, cósmica, pascal-otimista. Quanto à sua maneira de conceber a graça de Deus na vida do ser humano, seu acento se dá na divinização do ser humano. Seu ponto de partida é o mistério da encarnação. Porque Deus se fez carne (mundo, cosmo, história), a salvação não pode se dar fora dessa condição. Por isso, a teologia oriental é particularmente antidocetista, antimaniquéia, antignóstica: a salvação diz respeito a todo o cosmo, a toda a obra da criação, ao ser humano em sua totalidade. Todas as coisas e todos os seres humanos são chamados à divinização. Uma frase que poderia sintetizar toda a teologia oriental sobre a graça poderia ser aquela que é lembrada repetidamente nas celebrações litúrgicas do tempo do Natal: "O Logos fez-se homem para que nós fôssemos divinizados". Portanto, o ser humano participa já atualmente na vida divina. Sua participação é ontológica, pela celebração e vivência dos sacramentos; é ética, pela prática das virtudes; é mística, pelo êxtase. Pelo acento que essa teologia coloca no advérbio "já", percebem-se nela algumas lacunas: ela corre o risco de esquecer os mecanismos históricos, concretos, conflitivos pelos quais se dá a obra da salvação, a presença salvífica de Deus nas estruturas do mundo e no coração humano.

De modo claramente diverso e complementar posiciona-se a teologia ocidental. Em todas as áreas de sua reflexão, mas sobretudo na teologia da graça, ela é mais existencial, antropológica, dolorista-pessimista. Seu acento está na salvação do ser humano corrompido pelo pecado. Seu ponto de partida é o mistério da paixão e morte de Jesus na cruz. Trabalha com categorias morais e jurídicas, insistindo na força do pecado humano como peça-chave no plano salvífico de Deus para a humanidade. O ser humano é chamado a se redimir do pecado e deve acolher a salvação alcançada pela morte redentora de Cristo. Uma frase que poderia sintetizar a teologia ocidental da graça poderia ser aquela que é citada no *Exultet* da Vigília Pascal: "Ó feliz culpa de Adão, que nos mereceu tão grande redentor". Deus se fez homem para pagar a culpa do pecado do ser humano, para restabelecer a ordem primeira como condição (objetiva) para o relacionamento (subjetivo) salvífico do ser humano com Deus. Portanto, é a partir do reconhecimento do pecado, de seu arrependimento e de sua conversão, que o ser humano alcança a salvação. Por sua insistência no pecado pessoal, na conversão e no mistério da cruz, essa teologia corre o

---

[79] Para isso, serviremo-nos dos textos básicos de: Boff, op. cit., 1976, pp. 20-30; França Miranda, op. cit., pp. 10-16.

risco de não trabalhar a salvação em seu horizonte cósmico e comunitário e em sua perspectiva de ressurreição.

A teologia escolástica continua a perspectiva da teologia ocidental, iniciada com Agostinho. Por sua preocupação em racionalizar o mistério, trabalha, no que diz respeito à reflexão sobre a graça, com distinções: graça/virtudes, graça medicinal/graça elevante, graça criada/graça incriada etc. Com perspectiva metafísica, atua na dimensão histórico-individual. Caracteriza-se por suas duas escolas: a tomista-aristotélica (que, na teologia da graça, trabalha com categorias da natureza, da ontologia) e a franciscana-agostiniana (com categorias do relacionamento).

A Reforma Protestante, fortemente marcada pelo agostinismo exacerbado de Lutero, seu principal expoente, trabalha a teologia da graça num horizonte mais personalista, dando acento à atitude benevolente e misericordiosa de Deus para com o pecador.

A Reforma Católica faz de sua doutrina da justificação a estrutura de toda a teologia. Busca o equilíbrio entre a ação de Deus e a liberdade do ser humano. Seu acento está no sujeito, com enfoque individualista. Insiste na alternativa dramática: salvação ou condenação. Sua perspectiva é individualista-espiritualista: salvação da alma. Por sua insistência na capacidade humana de responder à iniciativa da graça salvífica divina, insiste também nas práticas ou obras humanas (a observância dos mandamentos, dos sacramentos, dos ritos, das virtudes, a pertença à Igreja, a obediência à hierarquia). Está ausente dela a preocupação com a salvação dos não evangelizados.

A teologia moderna procura, antes de tudo, uma visão mais integral e complementar destas diversas teologias: oriental e ocidental, católica e protestante. Busca também cobrir as grandes lacunas nelas existentes. Por isso, em sua reflexão sobre a graça, trabalha com as categorias da existência, experiência, subjetividade, mística, universalidade. Trata com implicações antropológicas, personalistas, eclesiais, cristológicas, escatológicas. Centra sua reflexão no plano salvífico de Deus como este foi desenvolvido na história da salvação. Fundamental em sua reflexão é o ponto de partida antropocêntrico, pelo qual o ser humano é visto como ouvinte da Palavra, um ser finito, mas capaz do infinito. A graça divina não é algo que se acrescenta à liberdade humana, a partir de cima e de fora, mas lhe é inerente e imanente, por sua dimensão transcendental.

A teologia da libertação continua no caminho aberto pelas teologias modernas, salientando, porém, a dimensão estrutural-social e o aspecto libertador da graça nos diversos campos da existência humana: sociopolítico-econômico, histórico-cultural, étnico-religioso etc. A expressão maior da graça de Deus é a libertação dos pobres dos sistemas de opressão que os mantêm na miséria. Deus revela a força de seu braço contra os prepotentes que excluem os pobres dos bens da vida.

Não se pode deixar de fazer um importante questionamento ao tradicional tratado da graça: seus principais autores foram homens, monges, intelectuais, membros de classes bem situadas economicamente. Dessa maneira, faltou ao estudo da teologia da graça o toque feminino, o lugar para o afeto e a emoção, a problemática da pobreza e da exclusão social, a perspectiva popular, a preocupação catequética e a inserção pastoral e evangelizadora. Hoje, temos a chance de retomar o tratado da graça em toda essa riqueza.

Atualmente, há diversos fatores que exigem um repensar do tratado da graça: a renovação dos estudos bíblicos, a leitura popular da Bíblia, a centralidade da teologia do mistério trinitário, a atuação de mulheres na produção teológica, o diálogo ecumênico e inter-religioso, o pluralismo religioso, a tomada de consciência da injustiça social, o sonho por uma sociedade planetária marcada pela paz, pela igualdade e pela fraternidade.

### Perguntas para reflexão e partilha

1. Que observações críticas, do ponto de vista teológico, você faz à história da teologia da graça? Com quais dessas explicações sobre a graça de Deus você mais se identifica?

2. Quais das expressões bíblicas e teológicas são mais evidenciadas em sua vida pessoal e em sua comunidade de fé?

3. Como anunciar às pessoas de nosso tempo o equilíbrio entre a graça divina e a liberdade humana, proposto no paradoxo: "Deus, que nos criou sem nós, não quer nos salvar sem nós"?

### Bibliografia

BAUMGARTNER, Ch. *La gracia de Cristo*. Barcelona, Herder, 1982.

BOFF, L. *A graça libertadora no mundo*. Petrópolis, Vozes, 1985.

FRANÇA MIRANDA, M. de. *Libertados para a práxis da justiça*; a teologia da graça no atual contexto latino-americano. São Paulo, Loyola, 1980.

RUIZ DE LA PEÑA, J. L. *O dom de Deus*; antropologia teológica. Petrópolis, Vozes, 1997.

SEGUNDO, J. L. *Graça e condição humana*. São Paulo, Loyola, 1987. (Col. Teologia aberta para o leigo adulto 2)

TAMEZ, E. *Contra toda condenação*; a justificação pela fé, partindo dos excluídos. São Paulo, Paulus, 1995.

Capítulo quinto

# A ESPIRITUALIDADE CRISTÃ COMO EXPERIÊNCIA DA GRAÇA DIVINA

Os primeiros séculos do cristianismo foram marcados por uma espécie de acomodação do terreno, em termos da explicitação daquilo que constituía a experiência da fé das comunidades cristãs em seu Deus. Foram séculos marcados por balbucios, buscas, heresias, problemas, até que a linguagem humana descobrisse como dizer, com a clareza possível e todas as suas conseqüências, quem é Deus, quem são as pessoas divinas, o que implica a fé em Deus Trindade.

Em seguida, a partir dessa experiência e da construção dessa explicitação, foi-se construindo a *gramática* do mistério, que até então não possuía linguagem organizada e que tornou possível chegar até nós a palavra articulada e organizada de quem é o Deus em quem cremos, que se revelou no Antigo Testamento e foi revelado em sua plenitude por Jesus Cristo.

No livro anterior,[1] fizemos uma reflexão teológica sobre o Deus do cristianismo. Vimos que, por um lado, há falsas idéias de Deus: racionais, filosóficas, fetichistas, gnósticas, panteístas, heréticas etc. Por outro lado, procuramos apresentar o caminho de superação dessas falsas idéias, caminho este que passa pela experiência de uma relação entre Deus e um povo, entre Deus e a humanidade; pela narração da história dessas relações de Deus com seu povo; pela contemplação e seguimento de Jesus Cristo; pela aceitação, na fé, da revelação do mistério trinitário de Deus; e, por fim, pela sistematização doutrinária dessa fé.

A doutrina da Trindade, portanto, nessa perspectiva, não é nem pode ser uma especulação abstrata, só para teólogos de gabinete. Ela é, isso sim, a revelação do mistério maior do amor, um retorno ao centro, que é o amor de Deus,[2] e que pode com isso trazer uma compreensão do ser

---
[1] BINGEMER, Maria Clara & FELLER, Vitor Galdino. *Deus Trindade;* a vida no coração do mundo. São Paulo/Valencia, Paulinas/Siquem, 2003.
[2] Cf., sobre isso, o belo livro de: BALTHASAR, Hans Urs von. *Retour au centre*. Paris, DDB, 1972.

humano, da organização do mundo e da história, da libertação dos pobres e da salvação da humanidade.

No último capítulo do livro sobre a vida na graça em Deus Trindade, retomamos, pois, a teologia trinitária, isto é, as reflexões feitas pelo magistério eclesial e pela teologia cristã sobre Deus Trindade. Agora o fazemos a partir do ponto de vista da vida cristã, como vida em graça que transborda na prática da fé. Faremos uma relação entre experiência humana de Deus e teologia trinitária, e entre teologia trinitária e prática cristã. Se nossa fé cristã é especificamente trinitária, pois o nosso Deus, o centro da fé cristã, é Trindade, então é preciso afirmar que nossa maior graça é: viver em Deus Trindade, de acordo com Deus Trindade, para Deus Trindade. Toda a nossa experiência e nossa prática cristãs deverão ser vividas na graça de nossa relação com a Santíssima Trindade. Tudo em nós deve provir da experiência dessa graça e apontar para ela.

Neste capítulo, refletiremos então sobre um especial ângulo de percepção que interpela a teologia cristã ao falar sobre a crença no Deus de sua fé: a espiritualidade, ou seja, a experiência da graça.

Todos conhecemos a sede atual que a humanidade tem de Deus, a ânsia de *espiritualidade* que transborda do coração humano e que chega aos meios de comunicação, às pessoas e às culturas. Por esse fenômeno, que se torna nosso ângulo perceptivo a partir de agora, iremos perceber alguns pontos importantes que a pastoral e a teologia nos colocam como questões e que podem ser refletidos na graça iluminada pela matriz trinitária. Refletir sobre a espiritualidade oferece oportunidade única para a experiência da graça divina. Nessa experiência, pode-se experimentar a ação poderosa e gratuita de Deus Trindade, em seu projeto de salvação de cada um dos seres humanos e da humanidade em geral, bem como de toda a criação.

Nesse sentido, a ótica central deste capítulo será a salvação. Se o mistério central da fé cristã é a comunhão amorosa das três pessoas divinas, e se experimentamos e procuramos viver isso como graça, isto é, como dom de vida e amor de Deus Trindade para cada um de nós, então essa graça há de se refletir em nós e entre nós como salvação. O encontro com Deus Trindade, o estilo de vida que decorre desse encontro, deverá ser experimentado como salvação de tudo o que nos impede de sermos felizes como pessoas, como comunidades, como sociedade e, enfim, como humanidade.

## 1. VIDA NA GRAÇA DIVINA E ESPIRITUALIDADE TRINITÁRIA

Esperamos ter mostrado, com a caminhada por nós realizada até agora, que a persistência de gestos, sinais e palavras que marcam toda a práxis cristã *em nome do Pai, do Filho e do Espírito Santo* tem sentido não somente para nós cristãos, mas também para todas as pessoas que buscam o significado de sua existência neste mundo. Também deve ter ficado claro: não é que a experiência tenha prioridade sobre a práxis, ou que a práxis tenha prioridade sobre a experiência, ou que o conhecimento tenha prioridade sobre estas duas, ou que este possa se fazer sem alguma delas. Fica claro, sim, que existe uma dialética entre estes três pólos: experiência, práxis e conhecimento de Deus. Nem a evangelização, nem a catequese, nem a teologia podem se fazer separadamente, sem relação umas com as outras. Nenhum cristão, em nenhuma área de sua vida de fé, pode prescindir da revelação, da ascese, da oração, da espiritualidade, no processo evangelizador.

Quando isso acontece, por omissão ou negligência, aparecem como conseqüências um vazio de experiência do mistério do Deus trinitário e uma multiplicação de movimentos, sejam integristas e verticalistas (religião só do Pai), sejam horizontalistas e reducionistas (religião só do Filho), sejam espiritualistas e pentecostalistas (religião só do Espírito), todos eles desvinculados de Jesus de Nazaré, o Verbo encarnado, de sua pessoa e obra, de sua história e mensagem. Enfim, desvinculados da revelação histórica de Deus Trindade.[3]

A superação das falsas idéias de Deus não se dá, portanto, numa mera confrontação ideológica, mas com base e por meio da experiência de encontro com a figura reveladora de Jesus Cristo e da experiência subversiva de seu Espírito no coração humano, na comunidade e na sociedade.

A teologia não é a totalidade da revelação, mas sua interpretação contingente e limitada. Teologia é inteligência e explicitação da fé, que, por sua vez, é adesão experiencial, prática e intelectual ao que foi revelado por Deus ao povo de Israel e em Jesus de Nazaré a toda a humanidade. Mas, como sabemos, só o *Kyrios* (o Senhor) glorificado tem a visão totalizante e global da revelação. Portanto, toda revelação deve ser criticada e julgada pela figura de Jesus Cristo, na contemplação e no seguimento de sua pessoa, de sua mensagem e de sua práxis. O discurso humano é chamado a ser constantemente julgado pela Palavra de Deus. Uma teoria crítica da sociedade, uma mediação socioanalítica, uma análise de conjuntura eclesial nos ajudam, mas não de modo completo. Isso acontece também com a teologia trinitária.

O cristianismo é um caminho novo e só se desvela completamente na experiência de ouvir a Palavra e receber a revelação do mistério do amor trinitário, ou seja, do amor de Deus em Jesus Cristo e no seu Espírito derramado sobre a Igreja e a história. Aí, e só aí, devem centrar-se a

---

[3] Cf., sobre isso: BOFF, Leonardo. *A Trindade, a sociedade e a libertação*. Petrópolis, Vozes, 1988. pp. 10-14.

evangelização, a catequese e a teologia. A espiritualidade cristã, por sua vez, sendo a experiência desse mistério salvífico revelado, só tem sentido enquanto percorrer esse caminho. Por sua vez, ela estará indissoluvelmente imbricada com a teologia, que refletirá então não sobre questões teóricas e alheias à vida humana, mas sobre uma experiência proveniente do mais profundo do coração e das entranhas da humanidade.[4]

Entre os problemas que a evangelização e a catequese e, enfim, a espiritualidade enfrentam hoje, está o de uma teologia racionalista, que dificulta e não ajuda a falar de Deus às pessoas. Uma teologia que usa categorias muito herméticas e abstratas, no caso da teologia trinitária: *hipóstase, processão, geração, espiração* etc., que os fiéis cristãos não entendem. Ora, essas categorias dogmáticas, para fazerem algum sentido na mente e no coração dos cristãos, devem ser constantemente confrontadas com a Sagrada Escritura. A pedagogia da fé deve aprender da pedagogia divina da revelação, que se encontra registrada na Escritura. Vejamos, portanto, o que o povo bíblico nos diz, na Escritura, sobre a experiência com seu Deus, que lhe deu identidade e projeto.

## 2. O AMOR COMO IDENTIDADE DIVINA E IDEAL HUMANO

Desde muito cedo, o povo de Israel compreenderá sua identidade em estreita relação com o amor de seu Deus. A oração com que o israelita justo e piedoso comporá sua profissão de fé fundamental já tem como pórtico de entrada o amor de Deus. Esse Deus — experimentado — é quem permitirá para o povo e seus filhos e filhas o conhecimento das sendas desse amor, que inicialmente se expressa na perenidade da lei.

O amor de Deus é o que abre os ouvidos do povo e de cada um de seus membros, os quais repetem várias vezes ao dia: "Escuta, Israel! O Senhor, nosso Deus, é o Senhor que é um. Amarás o Senhor, teu Deus, com todo o teu coração, com todo o teu ser, com todas as tuas forças" (Dt 6,4-5: TEB). Deus, o Deus de Israel, é um Deus que ama e quer ser amado com a totalidade da corporeidade e do coração do ser humano. É, portanto, o Deus que se pode e se deve não apenas temer, mas amar, o que, sem dúvida, nunca se tinha ousado afirmar na história da humanidade antes do Deuteronômio.[5]

Esse amor se exprime pelo compromisso total da pessoa, evocado pela tríplice formulação: "Com todo o coração, com todo o ser, com todas as

---

[4] Sobre a relação entre espiritualidade e teologia, ver: BALTHASAR, Hans Urs von. Teología y espiritualidad. *Selecciones de teología* 13 (1974), p. 142; BINGEMER, Maria Clara. *Em tudo amar e servir*. São Paulo, Loyola, 1990.
[5] Cf. nota c da Tradução Ecumênica da Bíblia (TEB). São Paulo, Loyola, 1994.

forças".[6] Em muitas outras passagens se encontrará esse amor exigido, afirmado e reafirmado, nem sempre com a formulação tríplice, mas dupla (10,12; 30,6: *todo o teu coração, todo o teu ser*).

Ainda em outras passagens desse livro tão fundamental para a compreensão da experiência do povo israelita, encontram-se palavras diferentes de *amar*, indicando a relação do povo com seu Deus. São elas: *buscar a Deus* (4,29); *servir a Deus* (10,12); *praticar e guardar os mandamentos* (26,16); *escutar o Senhor* (30,2); *voltar ao Senhor* (30,2.10). O autor bíblico evoca, assim, com esses diferentes verbos, as infinitas formas concretas que o amor a Deus pode e deve tomar, assim como o amor *de* Deus pelo povo que ele escolheu e pelos que lhe são caros, sobre os quais derrama sua graça.

O amor de Deus é algo dinâmico e radical, perpetuamente em movimento. É um amor que coloca aquele ou aquela que a ele adere nesse movimento infinito e sem retorno. Trata-se de algo que nunca se terá adquirido de uma vez por todas, mas que se deve constantemente buscar, praticar, escutar para obedecer, e ao qual se deve voltar, se por acaso dele houve algum distanciamento. Algo que exige todo o coração, todo o ser, toda a força, sem deixar excluída, ou menos insistente e fortemente convocada, nenhuma das dimensões da pessoa.

Se algo se pode dizer, então, do povo de Israel, é que — não deixando de ser o povo da lei — é o povo do amor. E é esse amor que vai configurar a vida do povo, seu caminho e seu projeto de existência. O amor de Deus será o critério com o qual se medirá a estatura das pessoas e do próprio povo.

O mandamento de *amar o próximo como a si mesmo* (Lv 19,18), combinado com *amar ao Senhor Deus com todo o coração, com todo o ser, com todas as forças* (Dt 6,5), será retomado por Jesus de Nazaré, para expressar o essencial da Lei de Moisés (Mt 22,37-39). A pessoa de Jesus, síntese perfeita do humano e do divino, será o referencial dos discípulos para perceber que esse amor não é impossível aos seres humanos habitados pelo Espírito de Deus. No final do evangelho de João, o homem-Deus de Nazaré, que se encontra a um passo da paixão, dirá aos seus como testamento: "Eu vos dou um novo mandamento: amai-vos uns aos outros. Como eu vos amei, assim vós deveis amar-vos uns aos outros. Nisto reconhecerão todos que sois os meus discípulos: se vos amardes uns aos outros" (Jo 13,34-35).[7]

---

[6] Sobre o primeiro mandamento, cf.: BINGEMER, Maria Clara. Amar a Deus sobre todas as coisas. *Sal Terrae*, v. 86/8, fsc. 1015, pp. 103-114.

[7] O amor fraternal entre as pessoas, fundado e tornado possível pelo próprio Jesus, é o sinal por excelência da presença do amor de Deus na vida dos seres humanos.

Jesus de Nazaré propõe aí o estilo de vida que deve reger a vida daqueles que se apresentarão ao mundo como seus seguidores. E fundamenta essa proposta na sua própria pessoa, que, tendo vivido na carne humana, será reconhecida como divina após a ressurreição. Ou seja, em Jesus, é Deus mesmo, derramando sua graça salvadora, que revela o fundamento do amor e da vida em graça. É o próprio Deus de Abraão, Isaac e Jacó, revelado agora como Pai, Filho e Espírito Santo, e não outro, o fundamento e o princípio da vida segundo o Espírito — ou seja, da espiritualidade —, no cristianismo.[8]

A espiritualidade vivida, sobre a qual se fundamentará toda reflexão e toda teologia, será então aquela que se revela nas estruturas neotestamentárias, como experiência de vida movida pelo Espírito, no seguimento do Filho, buscando e praticando a vontade do Pai.

Viver e falar cristãmente é, pois, viver e falar *em nome do Pai, do Filho e do Espírito Santo*, entendendo isso como a autocomunicação de Deus ao ser humano na história, por mediação de Jesus Cristo, na doação do Espírito Santo. Ou seja, é experimentar a Trindade Imanente na Trindade Econômica. É entrar na intimidade da comunhão das três pessoas divinas, no mesmo instante e no mesmo processo em que se identifica a ação dessas três pessoas na história da salvação. É experimentar que na comunhão divina temos três modos de subsistência de um único e mesmo Deus.

## 3. A EXPERIÊNCIA DE UM DEUS PREPOSICIONAL

Como vimos no segundo capítulo, para os humanismos modernos e contemporâneos (seguidores dos assim chamados mestres da suspeita: Nietzsche, Marx e Freud), a liberdade humana e a submissão à vontade de Deus são pólos inconciliáveis de uma dialética impossível. No cristianismo, ao contrário, crê-se e afirma-se que o ser humano tanto mais cresce em liberdade quanto mais cresce na união voluntária e amorosa com a liberdade absoluta de Deus, quanto mais se deixa mover pelo Espírito, no seguimento do Filho, fazendo a vontade do Pai. Assim, quanto mais se aceita e se experimenta a graça divina da relação com Deus Trindade, mais liberdade se adquire para realizar-se como ser humano e como cristão.

Olhando para Jesus, vemos seu querer, o querer do Verbo feito carne, modelo supremo da liberdade humana que só se realiza no Amor. Jesus é o homem livre. Livre diante da lei e diante do templo, livre diante dos donos

---

[8] Ver: MATHON, G. Sainteté. *Catholicisme hier, aujourd'hui et demain* 61 (1992), p. 704. Ver também: FESTUGIÈRE, A. J. *La Sainteté*. Paris, PUF, 1949, obra estruturada em torno da comparação entre o herói grego e o santo cristão.

da política e da religião de seu tempo, livre para os outros, livre para Deus.[9] O fundamento disso é a vida de Deus no seio da Trindade, que se manifesta historicamente no Verbo encarnado e no dom do Espírito Santo. Dessa maneira, o fundamento do existir humano de Jesus está no fato de ser *reconhecido por Deus* e, ao mesmo tempo, de ser *reconhecido como Deus*. Jesus de Nazaré é, pois, o verdadeiro ser humano, tão humano que só pode ser divino. Tão humano assim só pode ser Deus. Tão humano assim só Deus pode ser. Em Jesus Cristo, pois, é que se encontra toda a graça. Nele, a nossa mais perfeita realização, a nossa salvação.[10]

O conhecimento de Deus resultante dessa experiência implicará, portanto, necessariamente, a práxis de construção da história humana até o Reino definitivo. O fechamento ao Espírito e à experiência que ele suscita no interior de cada ser humano, na Igreja e na sociedade impede a acolhida da revelação de Deus no Novo Testamento e a liberdade do agir divino na história, que se dá pelo mesmo Espírito Santo. A encarnação é obra do Espírito e não fruto da ação humana. Jesus é o novo começo da história, e o Espírito é realidade transcendental que torna possíveis a encarnação, a criação e a história.

A revelação de Deus na história implica, portanto, a nomeação de *um Deus preposicional*, um Deus que só é entendido por meio de preposições, pois se trata de um Deus que se "pré-posiciona" em referência ao ser humano e ao mundo que ele criou. Pois se ele não nos tivesse criado e a nós não se tivesse revelado, jamais poderíamos falar sobre ele. Mas, porque o experimentamos gratuita e graciosamente, somos capazes de abrir os lábios e nomeá-lo. Temos ao nosso alcance, por graça, a nomeação:

- *do Pai* — origem sem princípio da história da liberdade humana, fonte de toda a graça, princípio e fim de nossa salvação. *Deus além de nós, acima de nós, maior do que nós*, chamando-nos a uma relação de verticalidade com ele. Pois, se o Pai é maior que o Filho (Jo 14,28), com mais razão é maior que nós;
- *do Filho* — que se fez ser humano, mediador de toda a graça e de toda a salvação. *Deus entre nós, um de nós, conosco* (Mt 1,23), companheiro da aventura histórica do ser humano, que revela na história o que Deus é para o ser humano e o

---

[9] Ver: FORTE, Bruno. *Jesus de Nazaré, história de Deus, Deus da história*; ensaio de uma cristologia como história. São Paulo, Paulinas, 1988; DUCQUOC, Christian. *Jesús, hombre libre*; esbozo de una cristología. Salamanca, Sígueme, 1983.
[10] BOFF, Leonardo. *Jesus Cristo libertador*. 11. ed. Petrópolis, Vozes, 1986. cap. IX: "Humano assim só pode ser Deus mesmo! Jesus, o homem que é Deus", pp. 131-150.

que o ser humano é para Deus. Ele é o Definitivo na história, um *novo começo*, o *novo e último Adão* (1Cor 15,45), provocando-nos a uma relação de horizontalidade com ele, por meio de sua identificação com nossos irmãos e irmãs na caminhada humana (Mt 25,40).

- *do Espírito* – liberdade suprema do amor no interior do ser humano, a graça e a salvação divinas habitando no coração humano. *Deus em nós, dentro de nós*, derramado em nosso coração (Rm 8,9-17), a *Ruah* divina incentiva uma resposta de liberdade — a fé —, possibilita a linguagem sobre ela — a teologia —, recria a liberdade no amor e conduz a história à sua meta escatológica. Tudo isso ele o faz, estimulando-nos ao encontro com ele na profundidade do nosso próprio coração.

A espiritualidade cristã — conseqüência da experiência fontal de Deus Trindade e estilo de vida daquele que por essa experiência é configurado — mostrará como a figura de Jesus é central, emanadora e convergente. Essa espiritualidade vai, portanto, permitir à teologia da graça refletir sobre a salvação, a qual só pode chegar a nós pelo conhecimento e pelo amor desse Deus que é Pai, Filho e Espírito Santo. O conhecimento humano de Deus só pode, em conseqüência disso, ser pensado de maneira teocêntrica, com base em uma gratuita Palavra de Deus que julga e dá critério à palavra humana. E qualquer experiência religiosa ou espiritual só é cristã se iluminada e verificada pela experiência comunitária e eclesial do Deus trinitário, experiência essa que é de comunhão. O conhecimento de Deus nasce, portanto, de um processo divino de restauração do sentido do ser humano e da história violado pelo pecado, e só pode nascer ligado a um projeto histórico concreto de transformação das relações humanas deturpadas pelo pecado.

Essa é a razão de ser da Igreja, ou seja, a experiência de Deus mediada por Jesus Cristo, no Espírito Santo, única capaz de fazer a humanidade aceder a uma nova condição: homens e mulheres novos, em novos céus e nova terra (Is 66,22; 2Pd 3,13; Ap 21,1). "Se alguém *está* em *Cristo*, é criatura *nova*" (2Cor 5,17). De fato, a Igreja sempre se entendeu como povo da Trindade, ícone da comunhão divina, reflexo terreno do amor eterno. Ela é "o povo reunido na unidade do Pai e do Filho e do Espírito Santo".[11]

O pensamento e o discurso teológico trinitários surgiram num contexto concreto, como instrumentos de adoração, reflexão e expressão do

---

[11] Ver: Concílio Vaticano II, *Constituição dogmática* Lumen gentium, cap. I: O Mistério da Igreja, nn. 1-8, aqui: 4, citando Cipriano, Agostinho e João Damasceno; também: Forte, B. *A Igreja, ícone da Trindade*. São Paulo, Loyola, 1987.

testemunho cristão de Deus. O Deus trinitário, ou seja, o conceito cristão de Deus, portanto, remete ao Deus bíblico, ao Deus de Israel e de Jesus Cristo. Confessar que *Deus existe*, portanto, significa confessar que existe *este* Deus, o Deus trino, Pai, Filho e Espírito Santo. Ora, isso afeta a dogmática, a práxis e a ética cristãs. Afeta, particularmente, a espiritualidade cristã.

## 4. DEUS TRINDADE EM TRÊS DIMENSÕES DE SUA EXPERIÊNCIA

Destaquemos três predicados do Deus trino que dão sustentação ao que acabamos de afirmar:

1. *Personalidade* — o Deus bíblico (Antigo e Novo Testamento) não é um absoluto anônimo, um conceito geral, mas é o Deus vivo, pessoal, com nome próprio.

Ora, o conceito trinitário dá conta disso melhor do que o monoteísmo judaico e as categorias gregas, gnósticas e panteístas. O conteúdo pessoal da compreensão trinitária de Deus nos diz que Deus existe como Pai, como Filho e como Espírito Santo. São nomes concretos, não conceitos gerais. É o enunciado de uma relação existente em Deus mesmo. Deus se relaciona para fora e para dentro, com relações pessoalmente estruturadas, com nome próprio. E o comportamento de Deus é a revelação de seu ser. Deus revela o que é: amor, comunhão de três diferentes pessoas.

No Ocidente, em que pese a força do individualismo moderno, o valor peculiar da pessoa humana não está no *eu* centrado em si mesmo, mas na relação. Cada pessoa é pessoa em relação, com direitos individuais, únicos e irrepetíveis. A doutrina trinitária ajudou a entender o ser humano como ser relacional, voltado para a intimidade de si mesmo e exposto à abertura para fora, para Deus, os outros e o mundo.[12] A fé no Deus trino vai, portanto, motivar e fundamentar teologicamente o compromisso pela afirmação e promoção dos direitos humanos. Toda pessoa humana tem sua matriz de compreensão nas pessoas divinas e por isso tem valor infinito e direitos fundamentais que devem ser respeitados e defendidos a todo custo.

2. *Socialidade* — o Deus bíblico é o Deus de Israel, Deus do povo, de cada membro do povo e da comunidade em geral; é o Deus da aliança. Deus não é um monarca autocrático, solitário no poder. Ele é um mistério pró-existente. É o Deus comunitário por excelência. O Deus trino é

---

[12] Sobre o conceito cristão de pessoa, em relação com o dogma trinitário, ver: GARCÍA RUBIO, Alfonso. *Unidade na pluralidade*; o ser humano à luz da fé e da reflexão cristãs. São Paulo, Paulinas, 1989. pp. 246-253; cf. também: COMBLIN, José. *Antropologia cristã*. Petrópolis, Vozes, 1987, pp. 61-75.

comunidade em seu ser. Suas obras para fora correspondem à lógica do que é em si mesmo. Deus segue coerentemente o caminho de seu ser em sua revelação no Antigo e no Novo Testamento. Ele é, como se mostrou a Israel e plenamente em Jesus Cristo, o Deus da eterna aliança, o Deus solidário, comunitário e social.

O culto ao Deus trino, por conseguinte, joga por terra não só as alianças entre Igreja e Estado, mas toda ditadura, todo culto à pessoa no terreno político. E predispõe uma prática política baseada na comunidade, na socialidade e na participação. O compromisso social encontra suas raízes no centro da fé, no Deus em quem se crê. É alimentado pela espiritualidade cristã trinitária e, por sua vez, a ela alimenta.

Em sua trilogia trinitária, nas encíclicas sobre o Filho (*Redemptor hominis*), sobre o Pai (*Dives in misericordia*) e sobre o Espírito Santo (*Dominum et vivificantem*), o papa João Paulo II volta insistentemente ao assunto, apresentando a vida da comunhão divina como solução para a grave crise social que hoje a humanidade enfrenta:

> *Está nisto uma possibilidade e uma esperança que a Igreja confia aos seres humanos de hoje. Ela sabe que o encontro ou o choque entre os "desejos contrários ao espírito" — que caracterizam tantos aspectos da civilização contemporânea, especialmente em alguns dos seus ambientes — e os "desejos contrários aos da carne" — com o fato de Deus ter-se tornado próximo de nós, com a sua encarnação e com a comunicação sempre nova de si mesmo no Espírito Santo — podem apresentar, em muitos casos, um caráter dramático e virem a redundar, talvez, em novas derrotas humanas. Mas a Igreja acredita firmemente que, da parte de Deus, haverá sempre um comunicar-se salvífico, uma vinda salvífica e, se for o caso, um salvífico "convencer quanto ao pecado", por obra do Espírito Santo (DV 56).*

3. *Compassibilidade* — o Deus bíblico no Antigo Testamento caminha com seu povo e, mais que isso, padece com seu povo. A *shekinah* (a glória) de Deus vai para o exílio com o povo e assume os seus sofrimentos. Trata-se, portanto, de um Deus cujo coração bate ao ritmo das vicissitudes, alegrias e esperanças, mas também angústias e sofrimentos de seu povo. É um Deus que padece com, que se "com-padece" da fragilidade de sua criatura e nunca a desampara. No Novo Testamento, a cruz da qual Jesus de Nazaré não foge, para ser fiel ao compromisso de toda a sua vida, é o elemento cristão específico. É o sinal no qual os cristãos se reconhecem como tais, tendo em vista que nela reconhecem a presença e o poder de Deus.[13] Em Jesus, Verbo encarnado, Filho de Deus, é Deus mesmo quem faz brilhar sua onipotência na mais frágil e vulnerável impotência, na carne crucificada de Jesus de Nazaré, que abre assim a perspectiva da solidariedade universal e total de Deus com a humanidade.

---

[13] Cf. o que diz são Paulo sobre isso em 1Cor 1,17-30, quando afirma que a cruz é loucura para os que não crêem, mas para os que crêem é sabedoria de Deus.

Ora, esse Deus é completamente diferente do Deus impassível, apático, da filosofia grega. O centro da Trindade é a paixão de Cristo, é o mistério pascal. "O conteúdo da doutrina trinitária é a cruz real de Cristo; a forma do crucificado é a Trindade."[14] Deus Trindade não é, portanto, alheio à dor e ao sofrimento do ser humano.

O Pai de Jesus Cristo não é, portanto, o Deus dos intelectuais, o Deus dos filósofos (Descartes, Kant, Hegel etc.). É um Deus que assumiu o sofrimento, a vulnerabilidade e a mortalidade das suas criaturas. Aos cristãos, que crêem nesse Deus, resta a abertura do coração à compaixão e a vivência da aventura da caridade sob todas as suas formas, até o fim, inclusive até o martírio, como supremo testemunho.

A convergência desses três predicados — *personalidade, socialidade, compassibilidade* — estaria então no *amor*. Como bem o expressou santo Agostinho,[15] Deus é ao mesmo tempo *o amante-Pai, o amado-Filho, o próprio amor-Espírito Santo*.

E é aí que se encontra sua mais profunda identidade: "Deus é Amor" (1Jo 4,8.16), realidade experimentada pelo povo de Israel e pela primeira comunidade cristã; realidade que se faz presente em nossa vida pela graça que nos é graciosamente dada. Ora, se é assim, e se fomos batizados nesse amor, nele mergulhados, dele nascidos e para ele orientados, então toda a espiritualidade cristã deve estar marcada por esse selo. Como Deus é amor, toda pessoa batizada, todo cristão, toda cristã são chamados a ser expressão da relação com esse Deus. Em sua própria personalidade, em suas relações comunitárias e sociais, em seu empenho forjador e transformador da história, o(a) cristão(a) é e age como se fosse o próprio Deus, a cuja imagem e semelhança foi criado(a), sendo e atuando no mundo.

E esse amor divino se antecipa, chega primeiro a nós, quando éramos incapazes até mesmo de encontrá-lo e saber de sua existência. Como nos ensinou o apóstolo João: "Não fomos nós que amamos a Deus, mas foi ele que nos amou" (1Jo 4,10). O amor de Deus Trindade é, por isso, pura graça, é totalmente amor. Não ama por interesse, mas ama por amar, porque é de sua essência e constituição amar, simplesmente amar. Não pode não amar, sem contradizer-se a si mesmo em sua mais profunda identidade. Está, por assim dizer, atado pelo amor, em toda a sua absoluta liberdade. As ataduras que o cingem são as de seu compromisso irrevogável com a criatura pecadora, que ele insiste em chamar à conversão pela graça que nela derrama.

---

[14] MOLTMANN, Jürgen. *El Dios crucificado*. Salamanca, Sígueme, 1975. p. 348.
[15] AGOSTINHO. *A Trindade*. São Paulo, Paulus, 1995. Coleção "Patrística", Livro VIII, cap. 10, n. 14. p. 284: "O amor supõe alguém que ame e alguém que seja amado com amor. Assim, encontram-se três realidades: o que ama, o que é amado e o mesmo amor".

## 5. A ESPIRITUALIDADE CRISTÃ COMO EXPERIÊNCIA DO AMOR

"Deus é Amor" (1Jo 4,8.16). Nesse sentido, basta-se a si mesmo, na correspondência eterna, numa inter-relação infinita de transbordamento de amor entre as três pessoas. Mas, porque é assim, quer que compartilhemos de sua vida, criando-nos para a comunhão com ele e chamando-nos do egoísmo e de toda forma de pecado para a reconciliação com ele e com seus filhos e filhas, nossos irmãos e irmãs.

Deus não se perde e não perde nada quando nos afastamos dele e instauramos uma sociedade de violência e injustiça, violando seus mandamentos. No entanto, pelo grande amor que tem por nós, não suporta ver-nos em situação tão desumana e desoladora. Por isso, o Pai envia-nos o Filho amado, "como oferenda de expiação pelos nossos pecados" (1Jo 4,10). Vindo a nós em carne humana, o Filho se faz em tudo semelhante a nós, também nos sofrimentos e fraquezas, "menos no pecado" (Hb 4,15: EP), exatamente porque o pecado não é humano, mas desumano. Dessa maneira, mostra-nos o que é mesmo ser humano: amar até o fim, pagar o mal com o bem, viver a não-violência ativa, isto é, reagir continuamente à violência, não com as mesmas armas do ódio, da vingança e da destruição do outro, mas com as disposições do perdão, da persuasão, da busca permanente do que é verdadeiramente humano, acreditando na bondade radical presente no coração de todo ser humano.

Do mesmo modo como o Pai e o Filho nos amam, também o Espírito Santo é totalmente voltado para nossa felicidade e salvação. Ele se interiorizou no íntimo de cada ser humano, das culturas e das religiões, para insistir em que é possível sempre recomeçar, a partir de dentro de nós mesmos, que devemos acreditar no amor e crer que o perdão supera o ódio, que a vingança deve dar lugar à reconciliação.[16] Não fosse essa presença e essa ação permanente e constante do Espírito Santo que confia em nós e nos converte ao seu amor, já nos teríamos destruído totalmente, e a criação já haveria sucumbido à des-criação.

## 6. ESPIRITUALIDADE CRISTÃ – ESPIRITUALIDADE TRINITÁRIA

Todo o percurso que fizemos até aqui vai deixando mais claro por que não tem sentido falar de uma espiritualidade cristã que não seja trinitária. Os cristãos são chamados a entender sua espiritualidade não como um conjunto de ações religiosas, fechadas num mundo intimista de sacristia, mas como estilo de vida no amor e para o amor, segundo o Espírito de Deus. Um estilo, um jeito de viver, que atravessa todas as relações humanas, desde a interioridade pessoal, passando pela família e comuni-

---

[16] MISSAL ROMANO. Oração Eucarística VIII (Reconciliação II). p. 871.

dade, até atingir a sociedade e o cosmo. Viver dessa maneira é viver na graça de Deus Trindade.

Os cristãos se sabem sempre diante de três pessoas: *Abbá, Ieshuá, Ruah*! Cada uma delas nos enriquece com os dons e carismas próprios de sua personalidade, de sua identidade e de sua peculiar presença e ação na criação e na história. Mas não se pode, sob pena de perdermos a característica trinitária da fé cristã, exagerar a relação com uma só das pessoas divinas, menosprezando as outras duas. O equilíbrio é nossa segurança, nossa certeza de uma espiritualidade humana e cristãmente integrada e integradora. Característica fundamental da vida cristã na graça divina, ou seja, da espiritualidade cristã, é, portanto, viver diante do Pai, com o Filho, no Espírito Santo.

Do *Abbá*, papai, paizinho, recebemos amparo e segurança (Sl 18[17],2-3). Nele encontramos apoio e firmeza. A ele elevamos verticalmente nosso olhar, com ousadia e esperança. Ele é *Deus antes de nós, além de nós, acima de nós*, um Deus cujos pensamentos e desígnios nos são insondáveis. A ele amamos, porque fomos e somos amados em primeiro lugar, mais do que tudo, com todas as forças, toda a alma e todo o entendimento (Dt 6,5; Mt 22,37). Ele é nossa fonte e origem, o manancial de onde brota toda a vida da natureza e da humanidade. Ele é a autoridade suprema, não para oprimir, explorar e excluir, mas para servir, dar vida e manter na vida.

É impossível viver sem uma referência direta à primeira pessoa da Santíssima Trindade. No entanto, se ficássemos só com essa pessoa, se exagerássemos nossa relação com o Pai, esquecendo-nos do Filho e do Espírito, faríamos do próprio Pai um patrão, policial, castigador, um Deus distante e severo, inacessível, bem outro que o Pai querido de Jesus Cristo, que derramou sobre o Filho e sobre nós o Espírito de amor. Não viveríamos a graça da filiação divina.

Do *Ieshuá* (em hebraico, *Deus salva*), Deus feito homem para nos salvar, recebemos força e coragem para nos inserirmos no mundo, para assumirmos a causa dos pobres, para lutarmos política e socialmente por um mundo mais justo, sem exclusões e discriminações. A ele nos dirigimos horizontalmente, como um de nós. Ele é Emanuel, *Deus conosco, no meio de nós, entre nós* (Mt 1,22-23). Um Deus feito homem em tudo, nas fraquezas e obscuridades de nossa natureza frágil e mortal, mas que venceu o pecado (Hb 4,15), que não se deixou manipular pelas tentações da idolatria do ter mais, poder mais, gozar mais a vida, em detrimento dos outros. Nós o amamos nos irmãos e irmãs, sobretudo nos pequenos e pobres, com quem ele quis se identificar. Sua presença permanente entre nós, na eucaristia e na Palavra, na comunidade e nos pobres, nos pastores e servidores de sua Igreja, nas cruzes e sofrimentos de cada dia, é um apelo constante e intransferível ao empenho pela transformação da realidade do mundo pecador, para que se torne novos céus e nova terra.

É impossível viver sem uma relação explícita à segunda pessoa da Santíssima Trindade. Contudo, se nos fixássemos apenas no Filho, esquecendo-nos do Pai e do Espírito Santo, faríamos do próprio Filho apenas um mestre de uma nova lei, um contestador político, um reformador religioso. Não seria o Filho amado do Pai, por quem e com quem nós também somos filhos e filhas. Não seria o Ungido pelo Espírito, por quem e para quem nós também fomos ungidos. Um Filho sem Pai e sem Espírito não nos daria a graça da fraternidade humana.

Da *Ruah* divina aprendemos que somos diferentes uns dos outros, cada qual com dons e carismas próprios, para a utilidade do bem comum (1Cor 12,7-11). Com a divina *Ruah*, o Espírito de Deus, encontramo-nos na profundidade de nosso coração. Ele é *Deus dentro de nós*, derramado em nosso coração, mais íntimo a nós que nós a nós mesmos (Rm 8,14-16). E como cada um de nós o experimenta em si mesmo, crê que ele está igualmente em cada qual de seus irmãos e irmãs, de qualquer raça ou cultura, Igreja ou religião. O Espírito do Pai e do Filho me faz e nos faz sentir a beleza e o encanto da filiação divina e da fraternidade humana. Ele promove a alegria, o louvor, a festa. Como ele é na Trindade o laço do amor entre Pai e Filho, garantindo a perfeita unidade na plena distinção entre os dois, assim somos induzidos e conduzidos pela *Ruah* divina ao diálogo com o diferente, ensinados a apreciar a singularidade na pluralidade, a unidade na diversidade. Somos ensinados que é anticristão e desumano fechar-se em guetos, grupinhos, panelinhas.

É impossível viver a fé cristã e a dignidade humana sem relação à terceira pessoa divina. Contudo, qualquer redução da espiritualidade ao Espírito Santo, sem espaço para os dons que vêm do Pai e do Filho, levará a fazer da *Ruah* divina apenas uma energia interior, um Deus ao sabor do prazer de cada um, um Deus do interior de cada qual, feito à imagem e semelhança do egoísmo humano. Não seria mais o Espírito Santo, santificador e comprometedor, o amor que une Pai e Filho em sua entrega e doação para a vida do mundo. Um Espírito que não fosse ao mesmo tempo o Espírito do Pai e do Filho não nos daria a graça de sermos únicos e irrepetíveis, cada um de nós tendo sido criado e querido por Deus por si mesmo, com valor próprio, com dignidade intransferível.

Como se percebe, a espiritualidade cristã é uma contínua retomada da vida na graça divina. Assim, a pessoa que adora e ama a Santíssima Trindade se reconhece como alguém *ex-cêntrico*, alguém que está fora de si, alguém que não tem o seu centro em si, mas em Deus, existindo para Deus Trindade e para os outros. Se o Deus dos cristãos é um Deus que se entende somente com base em preposições que indicam sua pró-existência, sua amorosa relação conosco, também o homem e a mulher cristãos somente serão felizes, realizados, salvos, na medida de sua abertura para esse Deus e para os seus irmãos e irmãs.

## CONCLUSÃO: A REVELAÇÃO TRINITÁRIA ENCHE A FACE DA TERRA

Para concluir esta reflexão sobre a espiritualidade cristã, marcada pela vida na graça divina, importa lançar um breve olhar sobre sinais e símbolos que diariamente nos colocam diante de Deus Trindade. Como em todas as ocasiões em que tratamos do mistério divino, sabemos que qualquer símbolo é apenas uma sombra e uma imagem muito diluída da verdade que nos fascina. Mesmo assim, somos ousados ao usar símbolos e imagens, não para desfigurar a profundidade e a beleza de Deus, mas para facilitar nosso balbucio de filhos e filhas ao pretendermos dizer quem é Deus Trindade a quem amamos.[17]

A primeira imagem-símbolo que nos vem à mente é a da família bem constituída, na qual temos três categorias de pessoas (pai, mãe, filhos), cada uma com carismas e encargos próprios. Também podem ser sinais da Trindade uma comunidade, um grupo de oração e reflexão, um grupo de amigos, em que as pessoas são diferentes, mas têm objetivos comuns, as alegrias são multiplicadas e os sofrimentos divididos, em que se aprende a conviver e a lutar juntos pela solução dos problemas.[18]

São ainda símbolos muito comuns da Santíssima Trindade, usados nas celebrações litúrgicas e reuniões pastorais e catequéticas: a) três anéis entrelaçados, que podem ser vistos soltos para visualizar a Trindade das pessoas ou sobrepostos para visualizar a unidade do ser divino; b) três velas acesas num só fogo; c) três pessoas abraçadas numa ciranda alegre e festiva; d) um vaso de três flores da mesma espécie em três cores diversas.

A arte e a iconografia cristã também nos ajudam a penetrar no mistério da Santíssima Trindade, reforçando nossa espiritualidade. Cremos que o exemplo mais ilustre é o ícone do artista russo ortodoxo Andrei Roublev, que apresenta os três hóspedes ou anjos de Mambré, figuras de Javé que visitam Abraão. No relato do Gênesis (cap. 18), a própria linguagem trai o fascínio do mistério, às vezes usando o singular, às vezes o plural, para contar o fato dos misteriosos hóspedes que a tradição cristã leu posteriormente como uma prefiguração da revelação trinitária. No quadro, o pintor Roublev, do século XIV, apresenta os três com rosto igual para mostrar que possuem a mesma identidade, mas com roupagens e posições diversas a fim de indicar a diferença de cada um.

---

[17] Sobre o imaginário teológico e pastoral e a simbólica familiar e política a respeito da Santíssima Trindade, ver: BOFF, Leonardo. *A Trindade e a sociedade*. Petrópolis, Vozes, 1987. pp. 129-141.

[18] A respeito das imagens que ajudam a viver a espiritualidade trinitária, ver o vídeo, com texto de Maria Clara Bingemer e Vera Bombonatto e narração de M. C. Bingemer, *Deus Trindade* (São Paulo, Paulinas, 2000).

Muitos elementos da natureza podem ser apreciados em sua ternaridade.[19] Nas plantas, vemos: na *raiz*, o Pai, que dá segurança e sustento; no *tronco*, o Filho que se apresentou como videira pela qual nos vem a graça; no *fruto*, o Espírito Santo com seus dons e carismas. Na água, temos três estados que lembram: no *sólido/gelo*, o Pai, fundamento de todas as coisas; no *líquido/fluidez*, o Filho em sua caminhada pelo mundo; no *gasoso/vapor*, o Espírito Santo em sua presença misteriosa em todas as coisas. Na água temos ainda três formas: a *fonte*, na qual divisamos o Pai, origem de todas as coisas; o *rio*, no qual vislumbramos o Filho, que vem do Pai e atravessa o mundo; o *mar*, em que entrevemos o Espírito Santo, a confluência de todas as nossas ações.

O espaço é tridimensional: a *altura* nos recorda o Pai, que está no alto dos céus; a *largura* nos lembra o Filho, que veio a nós no espaço e no tempo; a *profundidade* nos indica o Espírito Santo, que infunde o amor em nosso coração. O tempo se apresenta em três movimentos: o *passado*, para significar o Pai, origem de tudo; o *presente*, para simbolizar o Filho, nosso companheiro de viagem na história da humanidade; o *futuro*, para o qual nos conduz o Espírito Santo.

Assim, toda a nossa vida, em todas as suas relações e dimensões, está marcada pela graça divina. Ser cristão é viver *em Deus, diante de Deus, com Deus*, deixando que o próprio Deus viva em nós. A vida da graça, portanto, e a reflexão teológica que sobre ela se pode fazer são fundamentadas solidamente sobre a espiritualidade cristã, que é constitutivamente trinitária.

---

### Perguntas para reflexão e partilha

1. Do ponto de vista teológico, em que dimensões da vida da Igreja você acha que a espiritualidade cristã trinitária está mais presente? E onde está mais ausente?

2. Qual é a sua experiência da vivência da espiritualidade cristã? O que acha que ajuda a vivê-la e o que a dificulta?

3. Em que sentido se pode dizer que a vivência da espiritualidade cristã trinitária é central no anúncio atual do Evangelho?

---

[19] GRINGS, Dadeus. *Creio na Santíssima Trindade*. Aparecida, Santuário, 1999. pp. 159-162.

## Bibliografia

BALTHASAR, H. U. von. *Retour au centre*. Paris, DDB, 1972.

―――――. Teología y espiritualidad. *Selecciones de teología* 13 (1974), pp. 130-142.

BINGEMER, M. C. Amar a Dios sobre todas las cosas: una invitación para todos. *Sal Terrae*, v. 86/8, fsc. 1015, pp. 103-114.

―――――. *Em tudo amar e servir*. São Paulo, Loyola, 1990.

―――――. & FELLER, V. G. *Deus Trindade: a vida no coração do mundo*. São Paulo/Valencia, Paulinas/Siquem, 2003.

BOFF, L. *Jesus Cristo libertador*. 11. ed. Petrópolis, Vozes, 1986.

―――――. *A Trindade, a sociedade e a libertação*. Petrópolis, Vozes, 1988.

FORTE, B. *A Igreja, ícone da Trindade*. São Paulo, Loyola, 1987.

GRINGS, D. *Creio na Santíssima Trindade*. Aparecida, Santuário, 1999.

# CONCLUSÃO

*Deus-Amor: a graça que habita em nós.* Esperamos, ao final do percurso deste livro, ter alcançado nosso propósito de demonstrar que toda a nossa vida pessoal e coletiva existe por causa da e na graça de Deus. Saber que todo ser humano é criado por Deus para viver na comunhão com ele, com os outros seres humanos e com toda a obra da criação é o ponto de partida de qualquer teologia e espiritualidade, de qualquer proposta ética e filosófica que se pretendam cristãs. O ser humano e o mundo estão marcados, desde o princípio e para sempre, pela bondade radical, pela graça criacional. Ninguém conseguirá jamais destruir essa obra magnífica de Deus. Nenhum mal, nem mesmo aqueles próprios da ordem da criação, ou ainda os pecados humanos, em que pese sua violência e agressividade; nada, ninguém conseguirá se sobrepor à graça divina. Essa certeza oferece ao fiel cristão um amplo horizonte de esperança e de confiança, que o impede de viver sob as incertezas do medo e da violência. Na atualidade, os senhores do mundo se arrogam o direito de resolver os conflitos sociais e internacionais com guerras, dominação de povos inteiros, exclusão dos diferentes. Acreditar que o bem sobrepuja o mal, a graça supera o pecado, a esperança vence o medo, a reconciliação desfaz a vingança, eis a proposta cristã! Desde Jesus de Nazaré e a partir do evento pascal de sua morte e ressurreição, a humanidade sabe que a última palavra não é a do algoz, mas a da vítima que acredita no poder do amor.

A teologia da graça que propomos neste livro quer resgatar a força do perdão sobre o ódio, do amor sobre a violência. Por isso, ela se volta sempre para a relação fundamental entre o ser humano e Deus, tratando-a em sua dimensão trinitária, cristológica e pneumatológica. Nesse sentido, conta com a virada antropológica promovida pela teologia no último século. Leva em consideração o ser humano nas suas mais variadas dimensões: social e política, ecológica e religiosa, cultural e econômica. Desse modo propõe resgatar, para o âmbito eclesial e para as relações dos cristãos com as pessoas de outras religiões ou sem religião, a experiência do assombro e da gratuidade de sermos, desde sempre e para sempre, marcados pela graça de Deus.

Servindo-nos da reflexão sobre o binômio graça divina e liberdade humana, relacionamos cristianismo e modernidade, fé e razão, Evangelho e cultura. Percebemos a necessidade de encontrar um equilíbrio entre esses pólos que marcam a dinâmica da civilização ocidental. Entre as grandes orientações culturais da modernidade, contemplamos a individualidade, a subjetividade, a impulsividade, a socialidade e a historicidade. Mostramos que, embora tenham origem no coração e na razão do ser humano que busca ser feliz e realizar-se como pessoa e como sociedade, essas orientações, no entanto, se deixaram marcar pelo espírito do egoísmo. Com isso, exerceram influência negativa sobre as relações pessoais e sobre as instituições e estruturas sociais, gerando atitudes e posturas que destroem a vida das pessoas e dos outros seres vivos, esgarçam as relações sociais e, enfim, marcam a sociedade moderna como sociedade de exclusão e cultura de morte. Concluímos que, se essas orientações culturais forem bem trabalhadas, evitando radicalismos e exacerbações, na dinâmica da relação amorosa entre a graça divina e a liberdade humana, elas poderão conduzir o ser humano à felicidade que busca.

No decorrer de nossa reflexão, pôde-se perceber que continuam atuais, na prática, as orientações de duas grandes heresias da doutrina da graça. De um lado, o pelagianismo, que exalta a liberdade, diminuindo a importância da graça. Notamos como o pastoralismo, o individualismo, o espiritismo, o mercantilismo religioso e a idolatria do mercado, por mais que busquem o sagrado e se anunciem como expressões religiosas, são, na verdade, desumanos, por diminuírem o espaço para a dinâmica da gratuidade. Do outro lado, o jansenismo, com sua posição rigorista, também persiste em muitos ambientes religiosos. Observamos aí que o rigorismo e a satanização da vida e do mundo são expressões religiosas que não condizem com a fé no Deus que, gratuitamente, nos ama, vem ao nosso encontro e banha com sua graça tudo que existe.

Ao exaltar o núcleo humanista do cristianismo, entendemos que a fé cristã oferece importantes critérios morais e éticos, os quais, fundados na relação Deus-homem, são imprescindíveis para a solução dos graves problemas de nosso tempo: a dignidade de cada ser humano, a relação entre pessoa e comunidade, o caráter absoluto da ordem ética, a opção pelos pobres, o empenho pela civilização do amor e pela cultura da vida.

O trajeto percorrido nos favoreceu ainda a oportunidade de conhecer a germinal teologia da graça presente na Sagrada Escritura. Vimos que, na Bíblia, graça significa a atitude pessoal de condescendência e benevolência que Deus tem em sua relação com o ser humano. No Novo Testamento, em especial, graça é o favor gratuito e misericordioso de Deus Pai, revelado agora na pessoa e práxis de Jesus, em sua atitude de aproximação, identificação e solidariedade para com os pobres, e em sua proposta de perdão e salvação dos pecadores.

O binômio graça divina e liberdade humana perpassa toda a história do cristianismo. Do modo como se elabora a relação entre ambas, surgem as mais diversas maneiras de viver e refletir a fé cristã. Há quem centralize tudo na participação, já atual, na vida divina. Uma participação ontológica, pela celebração e vivência dos sacramentos; ética, pela prática das virtudes; mística, pelo êxtase. Há quem trabalhe com categorias morais e jurídicas, insistindo na força do pecado humano como peça-chave no plano salvífico de Deus para a humanidade. O ser humano é chamado a se redimir do pecado e deve acolher a salvação alcançada pela morte redentora de Cristo. Há quem insista na dimensão estrutural-social e no aspecto libertador da graça presente nos diversos campos da existência humana: sociopolítico-econômico, histórico-cultural, étnico-religioso etc. A expressão maior da graça de Deus é a libertação dos pobres dos sistemas de opressão que os mantêm na miséria. Deus revela a força de seu braço contra os prepotentes que excluem os pobres dos bens da vida. Há quem entenda que a graça é vivida no diálogo ecumênico e inter-religioso, no pluralismo religioso, no sonho por uma sociedade planetária marcada pela paz, pela igualdade e pela fraternidade, na defesa e salvaguarda da criação.

De nossa parte, entendemos que o atual retorno ao sagrado revela a necessidade que o ser humano tem de Deus. Para a obra da evangelização, permanece o desafio: apresentar a graça divina de tal modo que ela seja recebida pelas pessoas e povos não como peso nem como inimiga da liberdade humana, mas, ao contrário, como procuramos mostrar no decorrer de nossa obra, como condição fundamental, motor de impulso, raiz e seiva que garantem ainda mais vida e liberdade para todo homem e toda mulher que vêm a este mundo.

# VOCABULÁRIO

**Adjuvante**: em teologia da graça, diz-se da graça que ajuda ou auxilia.

**Alexandrinos**: padres de língua grega, pertencentes à Escola de Alexandria, no Norte do Egito. Esta escola foi uma instituição de estudos teológicos e de exegese cristã fundada na segunda metade do século II e que durou até a segunda metade do século IV. Caracterizou-se pela impostação do pensamento em sentido platônico. Na interpretação da Escritura, buscava mais o sentido espiritual do que o literal, insistindo, por isso, no método alegórico. Em cristologia, acentuava a divindade de Cristo, em detrimento de sua humanidade. Seus grandes expoentes são: Orígenes, Clemente, Atanásio, Cirilo.

**Antioquenos**: padres de língua grega, ativos em Antioquia do fim do século IV até a metade do século V. Caracterizam-se pela reação ao excessivo alegorismo da exegese alexandrina, propondo uma exegese mais marcada pelo caráter moral. Ao acentuar o significado literal do texto sacro, mais que o espiritual, valorizavam, em cristologia, a humanidade de Cristo, com certa dificuldade para explicar como podiam coexistir em um único sujeito a divindade e a humanidade de Jesus. São expoentes dessa escola: Teodoro de Mopsuéstia, Cirilo de Jerusalém e João Crisóstomo.

**Antropocentrismo/antropocêntrico**: doutrina (ou atitude) firmada nos séculos XVI e XVII que considera o ser humano o centro ou a medida do Universo, sendo-lhe, por isso, destinadas todas as coisas; doutrina que concebe o Universo em termos de experiências ou valores humanos.

**Agostinismo/agostiniano**: corrente teológico-filosófica proveniente de santo Agostinho, com forte propensão para o platonismo; relativo ou pertencente a santo Agostinho, nascido na África romana (354-430), ou à ordem fundada por ele.

**Aristotelismo/aristotélico**: conjunto das doutrinas de Aristóteles, filósofo grego (384-322 a.C.), e de seus seguidores. São temas centrais do aristotelismo a teoria da abstração e do silogismo, os conceitos de ato e potência, forma e matéria, substância e acidente. São doutrinas que serviram à criação da lógica formal e da ética e que exerceram e ainda exercem enorme influência no pensamento ocidental.

**Capadócios**: padres gregos do século IV, da região da Capadócia. São eles: Basílio de Cesaréia, seu irmão Gregório de Nissa e Gregório de Nazianzo. Caracterizam-se por uma teologia apofática (que rejeita ultrapassar certos limites no uso da analogia para penetrar no mistério) e pela defesa da divindade do Espírito Santo.

**Criacional**: em antropologia cristã, diz-se da condição do mundo e da humanidade, criaturas de Deus. Qualidade que caracteriza tanto a graça divina quanto o mal natural, bem como toda realidade cósmica e humana, considerados em sua condição primordial e anterior à ação histórica do ser humano.

**Criaturalidade**: dimensão própria de todos os seres vivos, na condição de seres criados por Deus.

**Cristóforo** (do grego *Christós*: espírito + *phorós*: portador): portador de Jesus Cristo; quem leva ou carrega Jesus Cristo em todos os momentos da vida.

**Cristologia**: tratado da teologia cristã que se ocupa da pessoa de Jesus Cristo e de sua doutrina.

**Deificação**: ato ou efeito de deificar, de tornar divino o que é humano; processo pelo qual passa o cristão em sua obra de salvação. Em teologia da graça, refere-se ao modelo próprio da teologia oriental, que é otimista, pois, mais do que insistir no pecado do qual o ser humano deve ser justificado, acentua a obra de divinização que Deus realiza na vida dos fiéis.

**Docetismo/docetista/doceta** (do grego *dokéo*: parecer, aparecer): doutrina gnóstica do século II segundo a qual o corpo de Cristo não era real, e sim só aparente, ou que negava que ele tivesse realmente nascido de Maria.

**Dualismo**: coexistência de dois princípios ou posições contrárias, opostas.

**Dualismo ontológico** (do grego *óntos*: ser, essência): coexistência de dois princípios ou posições contrárias, opostas, no nível da realidade, pela qual se acredita que existem coisas ou seres bons e coisas ou seres maus. A fé cristã rejeita o dualismo ontológico, pois crê que Deus criou boas todas as coisas.

**Dualismo ético** (do grego *éthos*: ação, comportamento): coexistência de dois princípios ou posições contrárias, opostas, no nível das ações humanas, pela qual se reconhece que as ações humanas podem ser boas ou más. A fé cristã reconhece o dualismo ético, pois ensina que, por sua liberdade, o ser humano pode escolher entre atos bons ou maus.

**Dualismo escatológico** (do grego *éschatos*: as últimas coisas): coexistência de dois princípios ou posições contrárias, opostas, no nível de nossa destinação última, pela qual se crê que o ser humano e o mundo estão predestinados ao céu ou ao inferno. A fé cristã rejeita o dualismo escatológico, enquanto crê que, pela vontade de Deus, somos predestinados para o céu, sendo o inferno uma possibilidade dependente da vontade humana de não aceitar a predestinação divina.

**Dogma/dogmático** (do grego *dogma*: decisão): ponto fundamental e indiscutível de uma doutrina religiosa e, por extensão, de qualquer doutrina ou sistema. Doutrina que afirma a existência de verdades certas e que se podem provar indiscutíveis. Na Igreja Católica, ponto de doutrina por ela já definido como expressão legítima e necessária de sua fé.

**Ecumenismo** (do grego *oíkos*: casa + *méne*: comum): movimento surgido nas Igrejas protestantes e, posteriormente, na Igreja Católica, em vista da unidade das Igrejas cristãs ao redor da identidade substancial da doutrina e da mensagem de Cristo.

**Emanatismo**: doutrina ou sistema que admite a emanação; emanacionismo. Processo pelo qual os múltiplos seres que constituem o Universo dimanam de um ser único, sem dele se distinguirem a não ser nas formas e aparências. Doutrina contrária à fé cristã, a qual ensina que as criaturas são criadas por Deus a partir do nada, distinguindo-se dele.

**Escatologia** (do grego *éschatos*: último, final): na teologia, estudo das últimas realidades: a morte, o purgatório, o juízo particular, o juízo final, a ressurreição, a parusia, a segunda vinda de Cristo, o céu, o inferno.

**Espontaneísmo**: atitude ou prática que se origina em sentimento ou tendência natural, em determinação livre, sem constrangimentos; que se manifesta como que por instinto, sem premeditação ou desvios; que se deixa guiar por simples instintos, sem reflexão.

**Expiação**: ato ou efeito de expiar, remir a culpa, cumprindo uma pena. Nas religiões antigas, havia cerimônias religiosas com que se procurava aplacar a cólera divina ou purificar lugar profanado. A fé cristã crê que o único sacrifício de Jesus Cristo na cruz foi suficiente para nos remir de todos os nossos pecados.

**Extrinsecismo**: doutrina (ou atitude) que insiste naquilo que é exterior, extrínseco, não pertencente à essência de uma realidade. Em teologia da graça, expressão que se refere à teologia luterana, pela qual a salvação vem somente de fora, de Deus, sem a colaboração interna da liberdade humana.

**Franciscanismo/franciscano**: pertencente à ordem fundada por são Francisco de Assis (1182-1226). Na Idade Média, na Escolástica, havia uma corrente de teologia que seguia os ideais de são Francisco. Dessa escola, fizeram parte: Boaventura e Duns Scotus.

**Filocalvinismo** (do grego *philía*: amizade): em teologia da graça, expressão referente às doutrinas próximas do calvinismo, que insiste na absoluta soberania, impenetrabilidade e potência de Deus, diante do qual o ser humano não é e não pode nada.

**Filopelagianismo** (do grego *philía*: amizade): em teologia da graça, expressão referente às doutrinas próximas do pelagianismo, que insiste na capacidade humana de alcançar sua própria salvação.

**Forense**: respeitante ao foro judicial. Em teologia da graça, refere-se à teologia luterana, para a qual a justificação do fiel cristão é uma questão de foro judicial, isto é, justificação declaratória, externa, pela qual Deus declara, por graça, que o ser humano é justificado, independentemente de suas obras.

**Gnose** (do grego *gnôsis*: conhecimento): conhecimento, sabedoria. Conhecimento esotérico e perfeito da divindade, e que se transmite por tradição e mediante ritos de iniciação.

**Gnosticismo/gnóstico** (do grego *gnôsis*: conhecimento): ecletismo filosófico-religioso surgido nos primeiros séculos da nossa era e diversificado em numerosas seitas, e que visava conciliar todas as religiões e explicar-lhes o sentido mais profundo por meio da gnose. São dogmas do gnosticismo: a emanação, a queda, a redenção e a mediação, exercida por inúmeras potências celestes, entre a divindade e os seres humanos. Relaciona-se o gnosticismo com a cabala, o neoplatonismo e as religiões orientais. Em teologia: doutrina segundo a qual a salvação se alcança pelo conhecimento das realidades sobrenaturais e pela rejeição do mundo material. Doutrina contrária à fé cristã, a qual ensina que a salvação é alcançada pela fé em Deus Criador do mundo, em Deus Filho que se encarnou na história humana e que salva pela sua morte e ressurreição.

**Hamartiocentrismo/hamartiocêntrico** (do grego *hamartía*: pecado, erro, defeito): na teologia, insistência sobre a realidade do pecado humano; reflexão teológica sobre a moral e a espiritualidade, a liturgia e a pastoral e todas as áreas da fé cristã, marcada por expressões pessimistas, negativas, e que vê o ser humano em sua condição de pecador.

**Hápax**: palavra grega que significa "uma só vez" ou "uma vez por todas". Em teologia cristã, refere-se à obra de Cristo, única e escatológica, que realizou de uma vez por todas a salvação do gênero humano.

**Hýbris** (em grego: excesso, descomedimento): na tragédia grega: o orgulho, a arrogância do herói, responsáveis por sua queda. Em teologia: o orgulho, a pretensão humana de fazer as coisas que competem a Deus, de resolver sozinho sua própria salvação.

*Homo viator* (em latim: homem viajante): A fé cristã considera importante a condição do ser humano, como indivíduo e coletividade, em sua caminhada pela história rumo à pátria definitiva.

**Intercomunhão**: condição geral dos seres humanos criados na comunhão entre si e, basicamente, com o Verbo Criador, feito homem em Jesus Cristo.

**Intersubjetividade**: caráter de intersubjetivo. O domínio das relações intersubjetivas; que se passa entre sujeitos diversos; relativo a fenômenos individuais e subjetivos que são socialmente produzidos mediante o auto-reconhecimento de cada sujeito em cada um dos outros, como ocorre, por exemplo, na criação de identidades culturais.

**Jansenismo**: doutrina de Jansênio (1585-1638), teólogo holandês e bispo de Ypres, sobre a graça e a predestinação e sobre a capacidade moral do ser humano presente, e que foi adotada na abadia de Port-Royal por várias correntes espirituais com tendência ao rigorismo moral.

**Javismo/javista**: doutrina e crença própria do povo de Israel em sua relação com Javé, considerado seu único Deus. A partir do Êxodo (cerca de 1200 a.C.) até o século V a.C., o povo de Israel considerava Javé seu único Deus, maior que os deuses de outros povos. Entre os séculos VIII e V a.C., por influência de Elias e, depois, dos profetas pós-exílicos, Javé passa a ser considerado não apenas o Deus do povo de Israel, mas o único Deus que realmente existe, criador de todo o mundo e Senhor de todos os povos. Trata-se, então, da revelação do monoteísmo javista.

**Maniqueísmo/maniqueísta/maniqueu**: doutrina do persa Mani ou Manes (século III), sobre a qual se criou uma seita religiosa que teve adeptos na Índia, China, África, Itália e no Sul da Espanha, e segundo a qual o Universo foi criado e é dominado por dois princípios antagônicos e irredutíveis: Deus ou o bem absoluto, e o mal absoluto ou o Diabo. Doutrina que se funda em princípios opostos, bem e mal. Contrária à fé cristã, cujo ensinamento transmite que há um só Deus criador, que fez boas todas as coisas.

**Mercantilismo**: tendência para subordinar tudo ao comércio, ao interesse, ao lucro, ao ganho. Predominância do interesse ou do espírito mercantil. Em economia: doutrina econômica, em voga no século XVII, que enfatizava a importância do comércio exterior para a economia de um país e que defendia a ação do Estado em favor da expansão das exportações e de seu monopólio por companhias de comércio e da restrição às importações.

**Meritocracia**: domínio do mérito. Na teologia da graça: expressão que se refere à exagerada importância que se dá ao mérito humano.

**Monoteísmo**: crença em um só Deus. Sistema ou doutrina daqueles que admitem a existência de um único Deus.

**Neojansenismo**: corrente doutrinária ligada ao jansenismo, que marcou a moral e a espiritualidade católicas desde o século XVII até o Concílio Vaticano II. Caracterizava-se pela insistência no rigor moral e espiritual, por uma concepção negativa do corpo e das necessidades físicas do ser humano.

**Neoplatonismo**: corrente doutrinária fundada por Amônio Sacas (século II) em Alexandria e cujos representantes principais são Plotino, filósofo romano (204-270), em Roma; Jâmblico, filósofo grego (c. 250-330), na Síria; e Proclo, filósofo grego (410-485), em Atenas. Caracterizava-se pelas teses da absoluta transcendência do ser divino, da emanação e do retorno do mundo a Deus pela interiorização progressiva do ser humano.

**Nominalismo**: doutrina filosófica dos séculos XIV e XV, que nega a existência dos universais, dos gêneros e das espécies, aceitando somente o individual e o particular. Segundo o nominalismo, só o nome, o nome comum é universal, por comodidade. A concepção nominalista da lei exige que se obedeça cegamente a simples homens, sem nenhuma preocupação de saber se o que é mandado corresponde realmente à ordem autêntica das coisas, numa relação com a ética subjetiva de auto-aperfeiçoamento, sem interesse pelo bem comum e o direito objetivo.

*Nouvelle théologie*: em francês, "nova teologia". Trata-se do movimento teológico, surgido entre os jesuítas e os dominicanos da França, nas décadas de 1940-1950. Defendia o retorno às fontes, a aplicação de métodos histórico-críticos, a evolução do dogma. Integrava teologia e espiritualidade. Sofreu duro golpe com a condenação de Pio XII, com a encíclica *Humani generis* (1950), quando alguns de seus expoentes foram depostos de suas cátedras: Daniélou, De Lubac, Chenu, Congar, Bouillard, teólogos que, entre outros, foram depois chamados a colaborar na elaboração dos textos do Concílio Vaticano II (1962-1965).

**Ontologia/ontológico**: parte da filosofia que trata do ser como ser, isto é, do ser concebido como tendo uma natureza comum que é inerente a todos e a cada um dos seres.

**Panteísmo** (do grego *pan*: tudo + *theós*: Deus): doutrina segundo a qual só o mundo é real, sendo Deus a soma de tudo quanto existe. Por entender que todas as coisas são divinas, fazendo de Deus a soma de tudo, essa doutrina é contrária à fé cristã, a qual ensina que as criaturas são criadas por Deus a partir do nada, distinguindo-se dele.

**Paradigma/paradigmático**: modelo, padrão. Termo com o qual se designam as realizações científicas (por exemplo, a dinâmica de Newton ou a química de Lavoisier) que geram modelos que, por período mais ou menos longo e de modo mais ou menos explícito, orientam o desenvolvimento posterior das pesquisas, na busca da solução para os problemas por elas suscitados.

**Pelagianismo**: doutrina de Pelágio (século V) que nega o pecado original e a corrupção da natureza humana e, conseqüentemente, a necessidade do batismo.

**Pneumatologia** (do grego *pneûma*: espírito, sopro, alento): área ou disciplina da teologia cristã que estuda o Espírito Santo.

**Pneumatóforo** (do grego *pneûma*: espírito + *phorós*: portador): portador do Espírito Santo; quem leva ou carrega o Espírito Santo em todos os momentos da vida.

**Predestinacionismo**: doutrina teológica heterodoxa, segundo a qual os acontecimentos, desde toda a eternidade, foram predeterminados pela vontade divina, sendo todos os seres humanos, de antemão, eleitos ou condenados. Segundo a fé cristã, todos os seres humanos são, pela vontade de Deus, predestinados ao céu, sendo que a possibilidade de haver condenados depende somente da vontade dos mesmos, enquanto rejeitarem definitivamente o amor de Deus.

**Prometéico**: relativo ou pertencente a, ou próprio de Prometeu, um dos titãs, que, segundo a mitologia grega, roubou o fogo do Olimpo e o deu aos seres humanos, ensinando-os a empregá-lo, razão por que Zeus o castigou, acorrentando-o no cimo do Cáucaso. Em teologia: relativo à pretensão humana de fazer as coisas que competem a Deus, de resolver sozinho sua própria salvação.

**Processão**: na teologia trinitária, refere-se à relação que existe entre as pessoas do Filho e do Espírito Santo, que procedem do Pai e recebem dele a substância divina e, com isso, todos os atributos próprios da divindade, tais como eternidade, majestade, poder etc.

**Pró-existente**: trata-se da condição de Jesus Cristo, que, além de ser preexistente com o Pai e o Espírito Santo na eternidade, é também relacionado com o ser humano e a humanidade, a quem se entrega totalmente, na doação de sua própria vida.

**Protologia** (do grego *prótos*: primeiro): na teologia tradicional, estudo das primeiras realidades: a criação, a justiça original, o pecado original. Oposto de escatologia.

**Quietismo**: doutrina mística, especialmente difundida na Espanha e na França no século XVII, segundo a qual a perfeição moral consiste na anulação da vontade, na indiferença absoluta e na união contemplativa com Deus. Quietação, sossego, imobilidade, indiferença, apatia.

**Realidade infralapsária** (do prefixo latino *infra*: abaixo de, depois de + *lapsu*: erro cometido por descuido, falta, privação, falha): em teologia, a realidade do mundo e do ser humano considerada sob o regime do pecado humano. Ver seu oposto: realidade supralapsária ou antelapsária.

**Realidade supralapsária ou antelapsária** (dos prefixos latinos *supra*: acima de, *ante*: antes de + *lapsu*: erro cometido por descuido, falta, privação, falha): em teologia, a realidade do mundo e do ser humano considerada antes do pecado, na ordem da graça da própria criação. Ver seu oposto: realidade infralapsária.

**Recapitulação** (do latim *caput*: cabeça): refere-se à retomada que Jesus Cristo, como cabeça da criação, fará de todo o cosmo, para o entregar ao Pai no final dos tempos.

**Relacionalidade**: condição natural do ser humano, criado como ser relacional, com Deus, de quem é filho/filha; com os outros, de quem é irmão/irmã; com os outros seres do mundo, do qual é administrador; e com o próprio eu, de quem é senhor.

**Sanante**: em teologia da graça, diz-se da graça que torna são, que cura, sara; que obsta a um mal ou dificuldade.

**Seqüela**: ato de seguir, seguimento, seqüência, continuação.

**Simonia** (do latim medieval *simonia*: ato de Simão, isto é, Simão, o Mago, que pretendeu comprar de são Pedro o dom de conferir o Espírito Santo): tráfico de coisas sagradas ou espirituais, tais como sacramentos, dignidades, benefícios eclesiásticos etc. Venda ilícita de coisas sagradas.

**Soteriologia** (do grego *sotérion*: salvação + *-logía*: tratado, estudo): parte da teologia que trata da salvação do ser humano.

**Teocentrismo/teocêntrico**: crença ou doutrina que vê em Deus o centro do universo, de todas as coisas.

**Teóforo** (do grego *Theós*: Deus + *phorós*: portador): portador de Deus; quem leva ou carrega Deus em todos os momentos da vida.

**Théia phýsis** (em grego: natureza divina): trata-se da única vez em que essa expressão aparece na Bíblia (2Pd 1,14). Refere-se ao ser mesmo de Deus, do qual somos convidados, por graça, a participar. Pode ser relacionada à expressão semelhante: *théia dynamis* (força divina).

**Tomismo/tomista**: doutrina escolástica de Tomás de Aquino (1225-1274), teólogo italiano, adotada oficialmente pela Igreja Católica, e que se caracteriza sobretudo pela tentativa de conciliar o aristotelismo com o cristianismo.

# SUMÁRIO

APRESENTAÇÃO DA COLEÇÃO .................................................................................... 5

INTRODUÇÃO ..................................................................................................................... 9

CAPÍTULO I. O SER HUMANO, MARCADO PELA GRAÇA DE DEUS ..................... 13
   1. A graça da criação ........................................................................................................ 15
   2. O realismo cristão ........................................................................................................ 18
   3. A origem e a superação do mal criacional ............................................................ 22
   4. A origem e a superação do mal moral ................................................................... 24
   5. A destinação gloriosa ................................................................................................. 28
   6. A vida na graça: aliança entre Deus e o ser humano ........................................ 30
   Conclusão ........................................................................................................................... 31

CAPÍTULO II. NECESSIDADE E BUSCA DE ALGO/ALGUÉM MAIS ....................... 35
   1. Os humanismos em suas diversas expressões ................................................... 37
   2. Orientações culturais da modernidade ................................................................ 42
   3. Persistências modernas de heresias antigas ...................................................... 48
      3.1. O pelagianismo ................................................................................................... 49
         *a) O pastoralismo* ................................................................................................. 49
         *b) O individualismo* ............................................................................................ 50
         *c) O espiritismo* ................................................................................................... 51
         *d) O mercantilismo religioso* ........................................................................... 51
         *e) A idolatria do mercado* ................................................................................ 52
         *f) A ética civil* ....................................................................................................... 53
      3.2. O jansenismo ...................................................................................................... 54
         *a) O rigorismo* ...................................................................................................... 55
         *b) A satanização da vida* ................................................................................... 55
   4. O núcleo humanista do cristianismo ..................................................................... 56
   5. As guinadas antropológicas da teologia .............................................................. 59
   Conclusão ........................................................................................................................... 63

CAPÍTULO III. EXPERIÊNCIA DA GRAÇA NA BÍBLIA ............................................... 67
   1. O sentido bíblico de *cháris* e *hen* ......................................................................... 67
   2. A experiência da graça no Antigo Testamento .................................................... 70
      2.1. Deus da eleição e da aliança .......................................................................... 70
      2.2. Deus de todo o povo e de cada fiel .............................................................. 72
      2.3. A experiência cristã do Deus de Israel ........................................................ 75
   3. A experiência da graça no Novo Testamento ..................................................... 77
      3.1. Nos evangelhos sinóticos ................................................................................ 78
      3.2. Nos Atos dos Apóstolos ................................................................................... 79

3.3. Nas Cartas de são Paulo ........... 79
3.4. Nos escritos joaninos ........... 83
3.5. A Segunda Carta de Pedro ........... 84
Conclusão ........... 85

## CAPÍTULO IV. EXPERIÊNCIA E DOUTRINA DA GRAÇA NA HISTÓRIA DA IGREJA ........ 87
1. A doutrina sobre a graça nos Padres da Igreja do Oriente ........... 87
   1.1. Relação entre sacramento e graça ........... 88
   1.2. A encarnação, princípio de divinização e de adoção filial ........... 88
   1.3. O Espírito Santificador ........... 90
2. A doutrina sobre a graça em Agostinho ........... 91
3. O pelagianismo e o Concílio de Cartago (418) ........... 96
4. O semipelagianismo e o II Concílio de Orange (529) ........... 98
5. O predestinacionismo e o Sínodo de Quiercy (853) ........... 99
6. A doutrina sobre a graça em Tomás de Aquino ........... 101
7. A justificação em Lutero ........... 107
8. O Concílio de Trento: a doutrina da justificação ........... 111
9. A doutrina pessimista de Bayo, Jansênio e Quesnel ........... 117
10. A controvérsia *de auxiliis* ........... 120
11. Graça e justificação no catecismo da Igreja Católica ........... 122
12. A doutrina da graça hoje ........... 123
13. Enfoques da teologia da graça ........... 125
     *a)* O enfoque na divinização do ser humano ........... 125
     *b)* O enfoque na justificação ........... 126
     *c)* O enfoque na libertação ........... 126
     *d)* O enfoque na salvaguarda da criação ........... 127
Conclusão ........... 127

## CAPÍTULO V. A ESPIRITUALIDADE CRISTÃ COMO EXPERIÊNCIA DA GRAÇA DIVINA ........... 131
1. Vida na graça divina e espiritualidade trinitária ........... 132
2. O amor como identidade divina e ideal humano ........... 134
3. A experiência de um Deus preposicional ........... 136
4. Deus Trindade em três dimensões de sua experiência ........... 139
5. A espiritualidade cristã como experiência do amor ........... 142
6. Espiritualidade cristã – Espiritualidade trinitária ........... 142
Conclusão: a revelação trinitária enche a face da terra ........... 145

## CONCLUSÃO ........... 149

## VOCABULÁRIO ........... 153

## SIGLAS

| | |
|---|---|
| CELAM | Conferência Geral do Episcopado Latino-Americano |
| BJ | Tradução da Bíblia de Jerusalém, publicada pela Editora Paulus |
| CEBs | Comunidades Eclesiais de Base |
| CNBB | Conferência Nacional dos Bispos do Brasil (refere-se também à tradução da Bíblia feita por essa entidade e publicada em conjunto pelas editoras católicas do Brasil) |
| DH | Heinrich Denziger, *Enchiridion symbolorum definitionum et declarationum de rebus fidei et morum* (aos cuidados de Peter Hünermann, edição bilíngüe em italiano, Bolonha, EDB) |
| DSD | Documento de Santo Domingo |
| EP | Edição Pastoral da Bíblia, publicada pela Editora Paulus |
| GS | Constituição pastoral *Gaudium et spes* do Concílio Vaticano II sobre as relações da Igreja com o mundo |
| TEB | Tradução Ecumênica da Bíblia, publicada pela Editora Loyola |

## ABREVIATURAS

| | |
|---|---|
| VV.AA. | vários autores |
| art. | artigo |
| c. | capítulo |
| cf. | confrontar, ver também |
| ed. | edição |
| Ibid. | ibidem, mesma obra |
| Id. | idem, mesmo autor |
| n. | número |
| op. cit. | obra já citada anteriormente |
| org./orgs. | organizador/organizadores |
| p./pp. | página/páginas |
| p. ex. | por exemplo |
| s/ss | seguinte/seguintes (p. ex.: pp. 40s = pp. 40 e 41; p. 49ss = pp. 49 e seguintes) |
| trad. | tradução |
| v. | volume |

Impresso na gráfica da
Pia Sociedade Filhas de São Paulo
Via Raposo Tavares, km 19,145
05577-300 - São Paulo, SP - Brasil - 2003